成人高等教育系列教材

运动训练学

张莉清　主编

北京体育大学出版社

策划编辑：佟　晖
责任编辑：佟　晖
责任校对：未　茗
版式设计：博文宏图

图书在版编目（CIP）数据

运动训练学 / 张莉清主编. -- 北京 : 北京体育大学出版社, 2015.11（2024.10重印）
成人高等教育系列教材
ISBN 978-7-5644-2108-3

Ⅰ. ①运… Ⅱ. ①张… Ⅲ. ①运动训练－成人高等教育－教材 Ⅳ. ①G808.1

中国版本图书馆CIP数据核字(2015)第279936号

运动训练学　　**张莉清　主编**
YUNDONG XUNLIANXUE

出版发行：北京体育大学出版社
地　　址：北京海淀区农大南路1号院2号楼2层办公B-212
邮　　编：100084
网　　址：http://cbs.bsu.edu.cn
发 行 部：010-62989320
邮 购 部：北京体育大学出版社读者服务部 010-62989432
印　　刷：北京昌联印刷有限公司
开　　本：787mm×1092mm　1/16
成品尺寸：185mm×260mm
印　　张：9.75
字　　数：180千字
版　　次：2016年1月第1版
印　　次：2024年10月第5次印刷
定　　价：25.00元

前　言

本教材是根据全国体育院校成人教育教材建设规划编写的。主要对象为体育成人教育本科与专科学生，也可供体育专业全日制学生以及体育工作者从事运动训练工作时参考。

本教材在编写中力求体现以下特点：

一、前沿性。在总结前人成果的基础上，广泛关注国内外运动训练理论的新进展，有重点地介绍国内外在运动训练理论研究中的最新成果，力求体现教材的先进性、新颖性和科学性，体现运动训练理论的前沿信息。

二、系统性。为了能完整揭示运动训练学理论的学科体系，力求从系统、动态的角度认识和把握运动训练理论中各方法、原则、竞技能力、大小周期之间的关系，在编写过程中系统地撰写内容，以有利于学生系统学习和掌握运动训练的基本理论。

三、适用性。本教材构思严谨、案例经典、内容通俗易懂，力求将运动训练学理论与运动训练实践相结合，做到难易适度，内容具有层次性。使之既适于体育院校成人教育本科与专科学生学习，又可供体育专业全日制学生以及体育工作者从事运动训练工作时参考。

四、实用性。本教材的每一章都有学习指导和思考题，并注意主次分明，详略得当。做到既重视理论学习，又注重实践应用能力的培养；既有利于教师授课，又能指导不同层次的学生自学。具有实用性和可操作性，体现成人教育和终身继续学习的教育理念。

本教材在北京体育大学竞技体育学院运动训练学教研室张莉清副教授、成人教育学院胡恒副研究员的主持下完成，并由张莉清副教授、胡恒副研究员审稿并最终定稿。感谢参与校对的研究生，分别是赵丹彤、樊菁、曹光强、汤财、邓菊会、孙锦蕊、朱霄、常婷、赵浩祯。此外，教材中参考和引用了许多专家、学者的研究成果，在此一并表示由衷的感谢，对于教材中存在的不足，敬请广大读者批评指正。

2015 年 3 月 24 日

目录 CONTENTS

第三章　运动训练的基本原则

第八章　运动训练过程的计划与组织

第一章　竞技体育与运动训练

内容提要和学习指导

本章介绍竞技体育的形成与发展，分析竞技体育的社会价值及其基本特点，阐述竞技体育中运动训练的基本特点、任务和内容，从不同的方面分析运动训练对竞技体育的重要性。学习时，应首先了解竞技体育项目的分类和不同项目的特点及其训练规律，以竞技体育项目的分类和运动训练对竞技体育的重要性作为重点学习内容，理解不同运动项目之间的区别和联系，了解不同运动项目之间运动训练的规律，结合运动专项理解运动训练与竞技体育。

第一节 竞技体育概述

面授内容

一、竞技体育的形成与发展

竞技体育是体育的重要组成部分，是以体育竞赛为主要特征，以创造优异运动成绩、夺取比赛优胜为主要目标的社会体育活动。

竞技体育形成的基本动因：

- 生物学因素，人们为了更好地提高自身活动能力而逐步形成竞技体育；
- 个性心理因素，人的“取胜和对抗的本能”及“追求胜过对手”的动机促进了竞技运动的形成；
- 社会学因素，人们把竞技体育看成是一种培养和教育人的社会过程，因此推进了竞技体育的发展。

二、竞技体育的构成

从不同实践过程来看，竞技体育包含着**运动员选材、运动训练、运动竞赛和竞技体育管理**四个有机组成部分。

1. 运动员选材

“运动员选材”是竞技体育的开始，是挑选具有良好运动天赋及竞技潜力的儿童少年或后备力量参加运动训练的工作。选材时，应注意考虑各个运动项目的特点，力求使用科学的测试和预测方法，努力提高选材的成功率。

2. 运动训练

“运动训练”是为提高运动员的竞技能力和运动成绩，在教练员的指导下，专门组织的有计划的体育活动。运动训练既是竞技体育的组成部分，也是实现竞技运动目标的最重要途径。

3. 运动竞赛

“运动竞赛”是在裁判员主持下，按统一的规则要求，组织与实施的运动员个体或运动队之间的竞技较量，是竞技体育与社会发生关系，并作用于社会的媒介。运动员通过训练不断提高的竞技能力，只有通过运动竞赛的形式表现出来，才能得到社会的承认，满足社会成员的需要。

4. 竞技体育管理

无论是运动员选材、运动训练，还是运动竞赛，都必须在专门的管理体制组织管理下才能得以实施并取得理想的效果。因而，竞技体育管理也应是竞技体育的一个重要组成部分。

三、竞技体育的基本特点与现代社会价值

竞技体育作为人类的一种社会活动，表现出竞争性、规范性、公平性、集群性、公开性、观赏性等特点。其现代社会价值主要表现在以下几个方面：

1. 激励人类自我奋斗精神

人类在自身的发展过程中，不断地适应自然、改造自然，不断地追求新的成就、新的突破。竞技选手们永无境止的追求，每 0.01 秒的提高，每一个新技术动作的出现，每一场精彩的表演，都是这种奋斗精神的集中表现和生动写照。竞技选手们在运动训练中所培养并在运动竞赛中所展现出来的竞争性，也正是人类生存与发展的重要素质。

2. 满足社会生活的观赏需要

随着现代社会的发展，现代人追求的不仅仅是物质生活的满足，同时也高度重视精神生活的丰富。观赏高水平的竞技运动比赛已经成了人们余暇生活的重要内容。

3. 促进社会大众的体育参与

优秀运动员在竞技赛场上表现出力与美的结合，勇与智的对抗，高超的技艺以及顽强的意志，都会作为光辉的榜样和成功的范例，吸引更多的青少年参加体育活动。

4. 显示国家和社会团体的综合实力

现代竞技体育已成为一个国家、民族的政治、经济、文化、科技等综合实力的“橱窗”。竞技体育比赛的胜负已不仅涉及运动员个人的荣誉，更关系到一个国家和社会团体的荣誉，甚至已经成为国家地区之间经济、科技、教育、文化等因素多维组合的竞争与较量，比赛的结果在很大程度上显示着国家和社会团体的综合实力。

5. 促进社会和经济的迅速发展

竞技体育的发展必然改变人类的消费结构，促进与运动训练、体育比赛有关的物质资料的生产和流通。举办大型运动竞赛不仅可以直接获得经济效益，而且也可以促进相关产业的发展。竞技体育已成为体育产业中的重要组成部分。

6. 排解社会成员的不良心绪

参与运动训练和体育比赛或观赏体育比赛，不仅有助于人们的身体健康，而且有助于许多不良思绪和心理状态的排解，引导良好的社会行为规范和精神风貌。

自学内容

一、现代竞技体育发展的百年回顾

作为体育这一具有重大影响的社会活动的基本组成部分，竞技体育始终与人类社会同步地发展与完善。从竞技体育在世界范围的广泛开展，体育竞赛活动的日益活跃，现代奥运会的百年盛举，运动训练科学化水平的不断提高以及竞技体育的职业化与商业化趋势等几个方面可以清晰地描绘出 20 世纪现代竞技体育的发展历程。

1. 竞技体育在世界范围广泛开展

19 世纪后半期，现代竞技体育首先在欧美工业发达国家开展起来。然而随着经济、文化、科学技术的全球性发展，亚、非、拉众多国家加快了现代化的进程，竞技体育得到了广泛的开展。不发达国家的竞技运动水平也得到迅速的提高。亚洲的乒乓球、羽毛球、体操、柔道，非洲的中长跑，拉丁美洲的足球、排球与短跑等项目的竞技水平都位居世界前列，成为欧美国家在世界赛场上的有力对手。

2. 建立相对完整的管理体制

竞技体育百年发展的同时，也建立了相对完整的管理体制。现代世界竞技体育活动是由国际奥委会及各单项联合会为核心组织进行的。另外，还有在各个地区建立的奥委会和单项联合会（或协会），肩负着同样的使命。这些体育组织确定规则，组织比赛，筹集资金，进行培训，构成了全球性的管理网络。

3. 运动竞赛活动日益活跃

百年来，各种类型、各种规模的运动竞赛在世界各地日益活跃地开展了起来。

奥运会、单项锦标赛、世界杯赛及系列大奖赛是最有代表性的世界性比赛，已经形成了完整的赛事体系。与其相对应的各洲、各国、各地区、各省市、各协会组织的比赛，以及不同职业、不同年龄等不同人群的比赛为现代社会生活增添了绚丽的色彩。全世界可以有几十亿人在电视机前同时观看奥运会、世界杯足球赛等重大赛事的同一场比赛。

4. 现代奥运会百年盛事

产生于希腊的古代奥林匹克运动会自公元前 776 年至公元 393 年，举办了 293 届运动会。1888 年，法国人皮埃尔·德·顾拜旦（1863—1937）首先倡议恢复奥运会。第一届现代夏季奥林匹克运动会于 1896 年在希腊雅典举行。至 2014 年，百年中举行了 30 届夏季奥运会及 20 届冬季奥运会。

5. 运动竞技水平及运动训练科学化水平不断提高

社会的发展，营养的改善，有效的组织，系统的训练，各种主客观条件不断促进运动员们提高自己的竞技运动水平。其中，特别需要强调的是，运动训练科学化水平的提高对竞技运动水平的提高具有巨大的推动作用。运动训练科学化水平的提高永远不会终止，未来运动训练的科学化水平必将会不断地提升到新的高度。

6. 竞技体育发展的职业化与商业化趋势

竞技体育综合的社会功能赋予了它巨大的商业价值；竞技水平的不断提高又要求运动员们全力以赴地进行训练。因此，现代竞技体育的职业化程度越来越高，商业化特征也越来越鲜明。

二、竞技体育项目的分类

1. 竞技体育项目分类的意义

竞技体育项目的分类就是根据各运动项目的形式、性质、结构的共同和差异，按照一定的标准，分成不同类型的项群。

通过分类，可使我们更为清晰地分辨各个项目的共同点和差异性，有利于各类项目之间技术和运动员运动素质的相互转移，训练方法的相互借鉴和移植，有利于提高运动训练的科学化水平。

2. 竞技运动项目主要分类体系的建立

依上述择定的三个主要分类标准，建立了三个各自独立而又紧密联系的分类体系，分别用于不同的理论和实践的需要。

（1）按决定竞技能力的主导因素分类（表 1－1）

以运动项目所需运动能力的主导因素，可将所有的运动项目首先分为体能主导类和技能主导类（简称体能类及技能类）两大类。继而以各项目体能或技能的主要表现形式或特征作为二级分类标准，把体能主导类项目分为快速力量性、速度性及耐力性三个亚类，把技能主导类项目分为表现难美性、表现准确性、同场对抗性、隔网对抗性及格斗对抗性五个亚类。

体能主导类快速力量性项群包括田径中的跳跃、投掷、举重等要求运动员具有高度爆发力的项目；体能主导类速度性项群则包括一切短距离的竞速运动项目，即短距离跑、游、赛场自行车、速度滑冰等；体能主导类耐力性项群是个大家族，包括中长距离及超长距离的走、跑、骑、游、滑、划所有的项目。

技能主导类中，运动员在比赛中力求完成高难度的精彩动作，并同时着力展示运动美、人体美的所有项目，包括在水、陆、空、冰等不同场地竞技的项目，包括徒手和持器械的项目，归为表现难美性项群。而表现运动员准确完成专项技术能力的射击、射箭和弓弩则被归为表现准确性项群。

技能主导类中的对抗性项目被分别归入三个项群。比赛时用网将双方选手隔开，各据一方击球竞技称为隔网对抗性项目；双方选手在同一块场地上追逐争夺，以将球射投入对方特定网区中得分的项目称为同场对抗性项目；而以对手的躯体为攻击对象，双人进行格斗的项目则称为格斗对抗性项目。

表 1－1　按竞技能力的主导因素对竞技项目的分类

大类	亚类		主要项目
体能主导类	快速力量性		跳跃、投掷、举重
	速度性		短距离跑（100、200、400 米） 短游（50、100 米） 短距离速度滑冰（500 米） 短距离赛场自行车（200、1000 米）
	耐力性		中长超长距离走、跑、滑冰 中长超长距离游泳；越野滑雪 中长超长距离公路自行车；划船
技能主导类	表现	准确性	射击、射箭、弓弩
		难美性	体操、艺术体操、技巧、跳水、花样滑冰、花样游泳、冰舞、武术（套路）、自由式滑雪、滑水
	对抗	隔网	乒乓球、羽毛球、网球、排球
		同场	足球、手球、冰球、水球、曲棍球、篮球
		格斗	摔跤、柔道、拳击、击剑、武术（散打）

（引自：田麦久，刘筱英．论竞技运动项目的分类［J］．体育科学．1983 年）

（2）按动作结构分类（表 1－2）

吸取马特维耶夫按动作结构分类基本思想的内核，我们首先把所有的竞技项目划分为单一动作结构、多元动作结构及多项目组合结构三大类，然后以各类动作的组合形式为二级分类标准，将单一动作结构类再分为周期性、非周期性及混合性三个亚类，将多元动作结构类再分为固定组合和变异组合两个亚类，将多项组合结构类再分为同属多项组合和异属多项组合两个亚类。

表 1－2　按动作结构对竞技项目的分类

大类	亚类	主要项目
单一动作结构	周期性 非周期性 混合性	跑、竞走、游泳、自行车、射击、射箭、速度滑雪、速度滑冰、划船 铁饼、铅球、链球、举重 跳高、跳远、标枪、三级跳远、撑杆跳高
多元动作结构	固定组合 变异组合	体操单项、武术套路单项、艺术体操单项、技巧、花样滑冰、马术、自由式滑雪 篮球、手球、足球、水球、曲棍球、冰球、乒乓球、羽毛球、网球、排球、拳击、摔跤、柔道、跆拳道
多项组合结构	同属多项组合 异属多项组合	田径男十项和女七项全能、速滑全能、体操全能、艺术体操全能、武术全能 现代五项、冬季两项、铁人三项

（引自：田麦久、刘筱英．论竞技运动项目的分类．体育科学．1983 年）

单一动作结构类的混合性亚类兼有周期性与非周期性的特点。各种跳跃及标枪的助跑为周期性动作，而最后的跳跃及掷枪则为非周期性的动作。

多元动作结构类中，固定组合亚类项目要求运动员在比赛中完整地“再现”训练中千百次重复练习的动作组合，而变异组合亚类项目运动员则要在比赛中根据对手所采取的技、战术情况，将平素训练中所掌握的技、战术“元件”即时地组合成相应的技术动作或战术配合。

多项组合结构中，有些多项比赛的各个单项属同一个运动大项，如体操男子六项全能，田径女子七项全能等，称为同属多项组合；而也有些多项比赛的单项分属不同的运动大项，则称为异属多项组合，如近代五项、冬季两项等。

（3）按运动成绩的评定方法分类（表 1－3）

按照各项比赛成绩的评定方法，可将众多竞技项目分为测量类、评分类、命中类、得分类及制胜类五大类（表 1－3）。

表 1－3　按运动成绩评定方法对运动项目的分类

类别	项目
测量类	田径、游泳、速度滑冰、滑雪、自行车、划船、举重
评分类	艺术体操、体操、跳水、花样滑冰、武术、马术
命中类	篮球、足球、手球、水球、曲棍球、冰球、击剑、冰壶
得分类	乒乓球、羽毛球、网球、排球、棒球、垒球
制胜类	摔跤、拳击、柔道、跆拳道

（引自：田麦久．运动训练学．人民体育出版社．2012 年）

测量类项目的运动成绩可由对高度、远度、重量或通过一定距离所需时间的测量予以确定。评分类项目比赛中，裁判员按特定的规则和评分办法，对运动员所完成的动作质量给予评分。命中类中的无防型项目（射击等）由在没有防守的情况下，命中某一目标的次数多少而决定比赛的成绩；设防型项目选手则必须突破对方的防守命中特定目标而力求取胜。得分类项目均按局（盘）进行比赛，一方得分达到规定数目时即为获胜，得分的途径既有本方运动员进攻命中，也包括对方的失误“送分”。制胜类项目比赛中，运动员可以通过取得绝对胜利而结束比赛，而在没有出现绝对胜利的情况时，则仍需按命中得分的情况判别胜负。

3. 三个主要分类体系的对应联系

以上三个分类体系从不同的角度描绘了竞技运动项目总体的内部结构。由于三个体系的分类标准之间有着密切的相互联系，因此，各个体系中所划分的项群之间也很自然地存在着一定的对应关系（表 1－4）。例如，技能主导类表现难美性项目同时都属固定组合多元动作结构，又都是通过由裁判员给分的方式而评定其运动成绩的高低的。体能主导类耐力性项目都属周期性单一动作结构，又都通过准确的计时判定其运动成绩。因此，在组织训练活动的过程中，我们就可以以其中一个体系为主，划分不同的项群，进行相应的研究。

考虑到一切运动训练活动都必须围绕着运动员竞技能力的科学发展进行规划和组织实施，我们选择了决定竞技能力的主导因素为主要的分类标准，将以奥运会项目为主的众多竞技项目分为八个项群，并进而对各项群的训练理论进行专门的研究。

表 1－4　竞技项目主要分类体系的对应关系

标准	竞技能力的主导因素		动作结构特点	成绩评定方法
项群划分	体能主导类	快速力量性	单一动作结构，周期性/非周期性	测量类
		速度性	单一动作结构，周期性	测量类
		耐力性	单一动作结构，周期性	测量类
	技能主导类	表现准确性	单一动作结构，周期性	测量类
		表现难美性	固定组合多元动作结构	评分类
		同场对抗性	变异组合多元动作结构	命中类
		隔网对抗性	变异组合多元动作结构	得分类
		格斗对抗性	变异组合多元动作结构	制胜/命中类

（引自：田麦久、刘筱英．论竞技运动项目的分类．体育科学．1983 年）

本节小结

竞技体育是体育的重要组成部分，是以体育竞赛为主要特征，以创造优异运动成绩、夺取比赛优胜为主要目标的社会体育活动。竞技体育包含着运动员选材、运动训练、运动竞赛和竞技体育管理四个有机组成部分。

竞技体育的特点：竞争性、规范性、公平性、集群性、公开性、观赏性。

竞技体育的社会价值：（1）激励人类自我奋斗精神；（2）满足社会生活的观赏需要；（3）促进社会大众的体育参与；（4）显示国家和社会团体的综合实力；（5）促进社会和经济的迅速发展；（6）排解社会成员的不良心绪。

按运动项目所需运动能力的主导因素，可将所有的运动项目首先分为体能主导类和技能主导类（简称体能类及技能类）两大类。

按动作结构分类，可划分为单一动作结构、多元动作结构及多项目组合结构三大类。

按运动成绩的评定方法分类可将众多竞技项目分为测量类、评分类、命中类、得分类及制胜类五大类。

思考题

1. 什么是竞技体育？
2. 竞技体育的构成要素是什么？
3. 竞技体育的社会价值有哪些？
4. 竞技体育中三个分类体系有哪些联系？

第二节 运动训练的基本内容与特征

面授内容

一、运动训练与竞技体育

1. 运动训练释义

运动训练是竞技体育活动的重要组成部分，是为提高运动员的竞技能力和运动成绩，在教练员的指导下，专门组织的有计划的体育活动。

提高运动员的竞技能力和运动成绩是运动训练活动的目的。其中，运动训练的直接目的是提高运动员的竞技能力，继而通过参加运动竞赛，将其已获得的竞技能力转化为运动成绩。

教练员和运动员是运动训练活动的主体，教练员是运动训练计划的制订者，以及运动训练活动的组织者与指导者。运动员既要在教练员的指导下从事训练实践，也应积极配合教练员，与教练员一起设计、组织自己的训练活动，并参与对这一训练过程的有效控制。同时，训练管理工作者、科学家、医生等也都是运动训练活动的积极参与者。

2. 运动训练是竞技体育中的主体构件

无论从活动的时间、活动的容量，还是从人们投入的力度来看，在竞技体育的多种构件中，运动训练都是最主要的。只有通过长期、系统、科学的训练，运动员的竞技能力才能达到较高的水平，才能在复杂多变的比赛中表现出优异的运动成绩。

二、运动训练学的任务及内容

1. 运动训练学的任务

运动训练学的主要任务为：（1）从众多专项的训练实践中总结出带有普遍意义的共性规律；（2）深入探索尚未被人们所认识和认识还不十分清楚的运动训练规律；（3）进一步健全运动训练学理论和内容体系；（4）广泛吸取现代科技成果和多学科的理论与方法，

充实和提高运动训练学的科学性；（5）运用一般运动训练学的基本理论指导各专项训练实践。

2. 运动训练学的基本内容和理论框架

运动训练学以运动训练的规律为研究对象，大多包括以下几方面的内容：竞技体育的地位和作用；运动训练的目的、任务和特点；运动训练原理和原则；运动训练方法与手段；身体训练；技、战术训练；心理、智能训练；训练过程的计划和控制；运动员选材；负荷与恢复等。

近年来，运动训练实践有了飞速发展，现代训练理论也有了许多重大的突破，传统的运动训练学理论和内容体系已很难满足现代训练发展的需要，因而许多新的训练理论与方法陆续充实到运动训练学的理论和内容体系之中。如训练控制理论、训练诊断理论、模式训练理论等等。

自学内容

现代运动训练的基本特点

1. 训练目标的专一性与实现途径的多元性

每个运动员都从事着特定专项的训练，其训练的目标就是在特定的专项上夺取比赛的胜利和创造优异的运动成绩，具有鲜明的专一性。虽然运动员有可能在几个性质相近的项目上取得较好的运动成绩，但却很难甚至不可能在几个性质不同的项目上取得同样优异的运动成绩。

2. 竞技能力结构的整体性与各子能力之间的互补性

尽管不同项目运动员竞技能力的构成各有自己的特点与侧重，但不论是哪一个项目，运动员的竞技能力都是由体能、技能、战术能力、心理能力以及运动智能构成的。各项目运动员的主导竞技能力及次要的竞技能力，各以适当的发展水平、相应的结构协调地组合在一起，构成了运动员表现于专项竞技之中的综合竞技能力。同时，各子能力之间相互促进，相互制约，良好发展的优势子能力还可在一定程度内对发展滞后的劣势子能力产生补偿作用。如耐力好而速度差的中长跑选手力求在前大半跑程中拖垮速度好，冲刺跑力强的对手；发球变化多、攻球速度快的亚洲直拍乒乓球选手则力求在前三板中即战胜相持能力强的欧洲横拍选手。

3. 运动训练过程的连续性与组织实施的阶段性

一次、一周或更长时间的大负荷训练，会对运动员其后的状态产生深刻的影响，而一段时间训练的间断也同样会引起其竞技能力状况的相应变化。训练过程这种延续进行和前后制约的特性，即称作连续性。

同时，每一个连续的运动训练过程又都必然地分为若干阶段。每个阶段的训练任务、内容、方法、手段以及负荷，都各有自己的特点。这些特点使它们明显地区别于其他阶段，得以独立存在。这种连续性与阶段性的特征，存在于各种水平运动员的训练过程之中，存在于从一项训练内容，一次训练课，直至年度、多年的各种时间跨度的训练过程之中。

4. 不同训练负荷影响下机体的适应性及劣变性

在负荷保持在一定范围的条件下，机体的应激以及随之产生的一系列变化，也都会保持在一个适度的范围内。这时，负荷的量度越大，对机体的刺激越深，所以引起的应激也越强烈，机体产生的相应变化也就越明显，人体竞技能力提高也就越快。负荷的适度增加，能够导致运动竞技水平的显著提高；但当负荷超出了运动员的最大承受能力时运动员的机体便会产生劣变现象。对运动员竞技能力提高产生消极的作用，甚至会使一个优秀运动员过早结束运动寿命。

5. 训练调控的必要性及应变性

竞技比赛和运动训练过程中，由于经常会受各种因素的影响而使训练和比赛过程产生意想不到的变化，原已确定的训练计划和对训练和比赛过程的设计都需要给予相应的调节，实施必要的变更，以力求原定训练目标的实现。而在内外条件产生巨大变化，原定目标已不可能实现时，则亦应调整训练目标及各相应环节训练工作的要求。

6. 现代科技支持的全面性及导向性

竞技体育与运动训练有着广泛的多学科联系，决策科学、人文社会科学、医学、力学、化学、数学与计算机科学的广泛知识都对运动训练有着巨大的影响，各种不同的科学学科、科技理论、科技思想、科技方法与仪器器材都能在竞技体育领域发挥着各自的影响和作用。作为运动训练活动的直接任务，即运动员体技战心智各种竞技能力的提高，都在很大程度上借助于现代科技的帮助与支持。

本节小结

运动训练是竞技体育活动的重要组成部分，是为提高运动员的竞技能力和运动成绩，在教练员的指导下，专门组织的有计划的体育活动。教练员和运动员是运动训练活动的主体，教练员是运动训练计划的制订者，以及运动训练活动的组织者与指导者。

运动训练学的主要任务为：（1）从众多专项的训练实践中总结出带有普遍意义的共性规律；（2）深入探索尚未被人们所认识和认识还不十分清楚的运动训练规律；（3）进一步健全运动训练学理论和内容体系；（4）广泛吸取现代科技成果和多学科的理论与方法，充实和提高运动训练学的科学性；（5）运用一般运动训练学的基本理论指导各专项训练实践。

运动训练的基本特点：（1）训练目标的专一性与实现途径的多元性；（2）竞技能力结构的整体性与各子能力之间的互补性；（3）运动训练过程的连续性与组织实施的阶段性；（4）不同训练负荷影响下机体的适应性及劣变性；（5）训练调控的必要性及应变性；（6）现代科技支持的全面性及导向性。

思考题

1. 什么是运动训练？
2. 运动训练学的基本特征有哪些？
3. 运动训练学的目的是什么？
4. 运动训练学的任务是什么？
5. 运动训练与竞技体育有何关系？

第二章　运动成绩与竞技能力

内容提要和学习指导

本章介绍运动成绩和竞技能力的概念，分析了决定运动成绩的因素内容、竞技能力构成要素、运动员的状态诊断和训练目标建立。学习时，应结合专项理解影响比赛成绩的因素，根据自己的专项了解起始状态诊断的基本内容和训练目标的基本内容。

第一节　运动成绩与竞技能力释义

面授内容

一、运动成绩释义

运动成绩是运动员参加比赛的结果，是根据特定的评定行为对运动员及其对手的竞技能力在比赛中发挥状况的综合评定。这一评定既包括运动员在比赛中表现出来的竞技水平，也包括竞赛的胜负或名次。

1. 竞技水平

运动员所具备的竞技能力在比赛中的表现称作竞技水平。不同项目运动员在比赛中表现出来的竞技水平也有着不同的衡量标准，比赛结果的评价方法也不相同。田径、自行车、游泳、速度滑冰、举重以及射箭、射击等项目，可运用标定的计量工具予以客观的测量，通过对时间、距离、重量、环数的准确测定评价其竞技水平的高低。

2. 比赛名次

比赛名次是运动成绩的另一个重要组成部分。不论哪一个运动项目，比赛结果都必须要分出名次。在许多情况下，比赛名次的意义甚至超过运动员所表现出来的竞技水平的价值。在世界性大赛中，人们追求的首先是金牌，是胜负和名次。

二、竞技能力释义

1. 竞技能力的定义

竞技能力即指运动员的参赛能力。由具有不同表现形式和不同作用的体能、技能、战术能力、运动智能以及心理能力所构成，并综合地表现于专项竞技的过程之中。

在竞技活动中，运动员的体能水平集中表现于力量、速度、耐力三种基本运动素质及三者之间的各种组合性运动素质的发展水平，人体的形态及机能状态是决定其运动素质水平的基础条件。运动员技术水平的高低可从技术的合理性及稳定性两方面予以判定。战术能力则表现为力求出色地发挥自身的体能、技能及心理能力，在规则允许的范围内干扰对手竞技能力的发挥，以及对于竞赛结果的评定行为施加合法的影响这样三个部分。高度发展的协调能力是运动员掌握合理的运动技术的重要先决条件；而除了技术基础之外，运动员智力状况及一般的和专业的知识水平则对其战术能力的发展和提高有着重要的影响。运动员的心理能力涉及广泛的领域，在竞赛中则集中地表现于运动员的参赛情绪及竞技意志。为了成功地参加比赛，首先必须以积极的手段激励参赛选手，有效地动员选手的生理、心理系统，积极地参与竞技活动，而同时又要把运动员的情绪激励水平控制在适度的范围之内。良好的意志品质包括运动员自觉主动、充满信心地参与竞技，以及在比赛中遇到困难时能够坚持不懈并顽强地、灵活地寻找竞技取胜的途径。运动员保持高昂而适度的参赛情绪和坚强意志的重要基础条件是强烈的参赛动机和良好的性格特征。

三、运动成绩的决定因素

任何一个竞技项目比赛的运动成绩都是由运动员在比赛中的表现，对手在比赛中的表现以及竞赛结果的评定行为这三方面因素所决定的，其中，运动员自身与对手在比赛中的表现都决定于他们所具有的竞技能力及在比赛中的发挥程度；而比赛结果的评定行为则包含着竞赛规则、评定手段及裁判员的道德与业务水平三个方面。

1. 运动员比赛中表现的竞技水平

运动员在比赛中所表现的竞技水平是影响运动成绩的内因，是最根本的，也是最重要的原因。如前所述，不同项群运动员在比赛中所表现的竞技水平有着不同的评定方法，其中，可测量类和评分类项目运动员所表现的竞技水平基本上是个人竞技能力的表现，通常较少受对手竞技表现的影响，而分属得分类和命中类的各种球类项目以及制胜类项目运动员的竞技表现则受着对手竞技表现很大的有时甚至是决定性的影响。

2. 对手在比赛中所表现的竞技水平

运动员在比赛中的胜负状况或所取得的名次，在很大程度上还受制于竞赛对手在比赛中表现出来的竞技水平，同时也受着裁判行为的影响。在对抗性的竞赛项目中，同一名运动员在某一轮淘汰赛中与强劲的对手较量时，如果他的对手比他最好的表现还要强的话，尽管他能够表现出比前几轮更高的竞技水平，也很可能遭到失败而被淘汰。这一事实说明了一个简单而却常常被人们所忽视的道理，即作为比赛成绩的一个重要组成部分，比赛的胜负或名次不仅仅取决于运动员自己的竞技水平，还取决于对手的竞技水平以及比赛的评定行为。

3. 比赛结果的评定行为

竞赛评定行为是影响运动员运动成绩的另一个重要方面，这里包括裁判员的道德、业务水平、成绩的评定手段和竞赛规则这三个因素。

竞赛规则的改变，能带来运动成绩的显著变化。

评定手段对运动成绩起作用的最突出的例子是，近二十几年来电动计时装置的出现，消除了手计时中计时员的视觉、反应及空间判断等因素的干扰，大大提高了计时成绩的准确性。

裁判员的道德和业务水平对运动成绩的影响也是不容忽视的。在关键时刻，裁判员有意无意的一个错判，往往会决定着整个比赛结果。

自学内容

竞技能力结构模型（双子模型）

依据运动员竞技能力各组成要素之间的相互联系、相互作用方式的具体特性与功能建立的反映竞技能力构成共性模型，是对运动员竞技能力结构的概括、归纳或抽象。运动员竞技能力结构模型反映着竞技能力内部各要素之间关系的本质特性。

1. 优秀运动员竞技能力结构模型与“木桶理论”

建立优秀运动员竞技能力结构模型通常需要收集一定数量的优秀运动员竞技能力指标体系中各构成因素的指标值，经统计处理而建立定量的或定量与定性相结合的结构模型。随着竞技运动水平的不断发展，优秀运动员竞技能力的结构模型也应随之进行相应的修订。

运用优秀运动员竞技能力结构模型指导训练。人们在训练中，将运动员竞技能力的现实状态与优秀运动员竞技能力结构模型进行对比，找出差距，明确训练要求，在训练中有计划地发展各种竞技能力。其中，特别关注及时地改进与模型要求有较明显差距的子能力，进而通过各子能力的均衡发展，实现其整体竞技能力的不断提高。

“木桶模型”是经济学界在描述经济结构时创立的，它形象地把制作木桶的各条木片比作经济结构中的各个因素，木桶里所盛的水即代表着总体的经济水平。而如果有一条木片短于其他木片，木桶的高沿出现一个缺口，桶里的水便会从这个缺口流出，直至水平面与这一短木片齐平。因此，从这一视角来看，可以说，木桶所能盛下的水的多少，取决于那条短木片的长度。人们将其称为“短板效应”。根本勇把经济学界的“木桶模型”引入到运动训练领域，用于解释运动员竞技训练内容的相互关系。他用桶中所盛的水平面的高度表示运动员的总体竞技水平，各个木片的长度则代表不同的子能力，即体能、技能、心理能力的发展状况。

2. 运动员竞技能力结构的非衡特点及“积木模型”

每个运动员在参照优秀运动员竞技能力结构模型，确定自己的训练目标，安排自己的训练计划时，应考虑个体特点，注意保持和发扬个人的优势能力。刘大庆、田麦久（1997）的研究表明，相对于运用统计方法建立的能够反映优秀运动员总体共同特征的运动员竞技能力结构模型而言，每一个运动员个体竞技能力的各个构成因素的发展大都呈不均衡状态，这种非衡状态是普遍存在的。从哲学意义上说，这种现象的存在又是绝对的。

大量优秀运动员的训练案例表明，运动员竞技能力构成因素中某种素质或能力的缺陷，可由其他高度发展的素质或能力在一定范围内予以弥补和代偿，使其总体竞技能力保持在特定的水平，这种现象称为运动员竞技能力非衡结构的补偿效应。例如，奥运会女子乒乓球冠军邓亚萍快速灵活的步伐、凶狠快攻的技术风格对其较低的身高条件的补偿，男子跳高世界纪录创造者朱建华出色的助跑起跳结合技术对其最大力量不足的补偿等。

与“木桶模型”相对应，运动员竞技能力的非衡结构及其补偿效应可用“积木模型”予以表述。“积木模型”用代表不同竞技子能力的不同颜色的小方块堆成一个大积木，代表运动员综合的竞技能力。不同颜色的小方块可做个别的调换，而大积木的体积，即综合竞技能力的水平保持不变。“积木模型”揭示了竞技能力系统中的非衡状态，同时也描述了通过训练主动地加强优势要素，实现对弱势要素在一定范围内的补给，从而使整体竞技能力仍然处于一个较高水平的可能。“积木模型”突出了竞技能力各构成要素的相互关联和补偿，辩证地看待竞技能力各要素不同水平存在的事实与意义，为竞技能力中“特长”的获得或加强奠定了理论基础。

本节小结

运动成绩包括竞技水平、比赛名次。运动员所具备的竞技能力在比赛中的表现称作竞技水平。

运动成绩的决定因素：（1）运动员比赛中表现的竞技水平，（2）对手在比赛中所表现的竞技水平，（3）比赛结果的评定行为。

竞技能力即指运动员的参赛能力。由具有不同表现形式和不同作用的体能、技能、战术能力、运动智能以及心理能力所构成，并综合地表现于专项竞技的过程之中。

竞技能力结构模型主要包括：木桶模型、积木模型。

思考题

1. 运动成绩包括哪些内容？

2. 影响运动员比赛成绩的因素，包括哪些内容？

3. 运动员竞技能力水平及其发挥、参赛时对手竞技能力水平及其发挥以及成绩评定行为三个因素对参赛运动成绩有什么影响？提出获求理想参赛成绩的相应对策。

4. 运动员竞技能力由哪些子能力构成？如何理解运动员竞技能力结构的“双子模型”？

第二节　运动员状态诊断与训练目标建立

面授内容

一、状态诊断与目标建立的重要意义

1. 状态诊断在训练中的重要作用

（1）为运动训练过程确立一个客观、准确的出发点

运动员的现实状态，是运动训练过程的出发点。运动员处于一种什么状态，决定其总体竞技能力状况的各个因素的发展水平如何。运动员的发育状况如何，确定这一状态的原因又是什么等等一系列问题，都对运动训练过程有着重要的影响。对这些问题的中肯分析和准确判断，是有效组织运动训练过程的基本依据之一。可以说，整个运动训练过程都是以对运动员现实状态的分析和判断为出发点而展开的，只有建立在科学诊断的基础上，才有可能作出准确的预测，才有可能设立恰当的训练指标，才有可能制订出为实现指标所必需而又切实可行的训练计划。如果教练员不对运动员的现实状态作出具体的分析和准确的判断，或在不准确的诊断基础上去组织一个训练过程，就如同一个裁缝不知道穿衣人的体型特点去做衣服，必定做不出合身的服装一样，使训练不可能取得成功。

（2）对训练工作效果及时的检查评价

通过科学的诊断，可以使教练员和运动员及时掌握训练过程的进展情况及运动员竞技能力的变化状况，从而对训练指标的制订、训练周期的划分、阶段任务的确定、训练方法与手段的选择以及训练负荷的安排是否适宜及时作出准确的判断。

训练过程中的状态诊断与检查评定这两个环节，在一定的条件下可以相互转化。一个大的运动训练过程中的每一个阶段的检查评定，正是下一个较小的运动训练过程开始时对运动员起始状态的诊断；而每一个独立的运动训练过程开始时对运动员起始状态的诊断，也都可以看做是一个更大的运动训练过程的阶段性的检查评定。多年训练过程和其中的年度训练过程，阶段训练过程和其中的周训练过程，都处于这样一种关系。由此可见，运动训练过程中两个重要的环节，即对运动员现实状态的诊断和对运动员训练计划实施结果的检查评定，便紧密地联系了起来。

（3）实施有效训练控制的重要前提

通过多学科的综合诊断，可以发现训练过程中不同环节所存在的问题，测定现实状态与目标状态的离差的大小，进而为运动训练过程实施有效的控制提供了可靠的依据。并据此调整训练指标、修订训练计划、加强训练组织，以求实现运动训练过程的最佳化，最终完成实现状态目标的任务。也就是说，没有科学的诊断，对运动训练过程的有效控制是不可能实现的。在每一个完整的运动训练过程特定的时间段落中，运动员都期待从该训练过程起始时的现实状态，发展至该训练过程结束时的目标状态，该训练过程的任务就是实现运动员的起始状态向期望状态的转移，所以对运动员起始状态的准确把握是十分重要的。对运动员起始状态的诊断是一个完整的运动训练过程的出发点。

2. 训练目标在训练过程中的重要作用

（1）运动训练目标的激励作用

竞技体育挑战着运动员的极限，要求运动员刻苦的训练。运动员在多年艰苦的训练中，需要不断地与生理和心理的疲劳、与伤病斗争，需要有巨大动力的支撑。科学设立的、适宜的训练目标为运动员提出了奋斗的要求，从而产生巨大的动力促使运动员为实现既定的目标而不懈努力，能够激励人们在所从事的事业中，做出更加艰辛的努力，去实现预定的目标。运动员会把日复一日、单调枯燥、艰苦的训练活动，和目标的实现联系在一起。他知道，每一次完成翻转、每一次举起杠铃、每一次瞄准击发、每一次举脚射门都使他向着那个无限向往的目标接近了一步，从而产生出巨大的动力，使他能够克服困难，坚持训练。

（2）运动训练目标的导向作用

训练目标向训练参与者描绘出了运动训练过程的目标状态，设置了期待的比赛成绩，提出了竞技能力要求，计划了训练负荷的内容、量度，并作出了系统的安排，这就从训练的内容、负荷、方法、安排等不同方面作出了清晰的规划，提出了明确的要求，对于整个运动训练过程中教练员、运动员的行为有着鲜明的导向作用。

（3）运动训练目标的标尺作用

运动成绩目标、竞技能力目标和训练负荷目标构成了一个完整的运动训练目标体系。这个目标体系中包含着一系列具体的指标，以及相应的指标值。其中有定性的指标，也有许多定量的指标。

训练活动的终极目的便是实现预定的目标，所以应该经常把运动训练的效果与训练目标进行比较。若与目标相符，便表明训练计划的制订与实施符合训练任务的基本要求；如果运动员现实状态的动态变化与训练目标的要求不相符合，则需要把检查评定结果与目标状态相比较的情况反馈给训练过程的相应环节，以便及时地对各相应环节的状态进行调节和修正，从而完成对整个训练过程的有效控制。

二、起始状态与目标状态的完整体系

1. 训练状态与训练目标的构成

一个完整的起始状态诊断，应该包含运动成绩诊断、竞技能力诊断及训练负荷诊断；而一个完整的训练目标，也应该相应地包含运动成绩指标、竞技能力指标及训练负荷指标。

2. 起始状态诊断的基本内容

（1）运动成绩诊断

作为对运动员在一个新的训练过程的起始状态中运动成绩的诊断，应该对运动员在上一个训练过程中的参赛结果给出准确的评价。既包括运动员在比赛中所取得的名次，也包括运动员在比赛中所表现出的竞技水平；既包括运动员在上一个训练过程中最好的一次比赛成绩，也包括运动员在多次比赛中所表现的平均水平。

（2）竞技能力诊断

对不同专项运动员的竞技能力进行诊断时，必须考虑不同专项竞技能力结构的不同特点。不同项群运动员竞技能力的各决定因素的作用各有不同。因此，在诊断中要首先抓住起决定作用的主导因素，予以科学的诊断，并作为其竞技能力总体诊断的主要依据。对运动员的竞技能力实施诊断，常常要把测定的结果与标准值进行比较，这一标准值就是运用科学方法所建立起来的特征模型。为此，必须首先建立不同项目优秀运动员竞技能力的结构模型，包括单因素特征模型、几个因素的组合特征模型以及全面的总体特征模型。这些模型也同样广泛地被应用于制订训练指标。

按获得途径的不同，可把竞技能力分为先天性的和后天性的。如优秀篮球运动员穆铁柱 2.28 米的身高，主要是通过遗传效应得来的，属于先天性的竞技能力。运动员受环境的影响，引起的生物变异所获的竞技能力是后天性的竞技能力。其中家庭环境、生活条件等方面的影响称为生活效应，通过运动训练活动所产生的生物适应就叫训练效应。

（3）训练负荷诊断

运动员竞技能力的变化主要是在训练负荷的影响下产生的。运动员所取得的运动成绩以及竞技能力的变化，都与其所承受的训练负荷的质与量有着密切的关系。因此，对于运动员在上一个训练过程（或单元）所承受的训练负荷的状态做出一个准确的描述，即是对其竞技能力状态，进而对其运动成绩状态所做出的关键析因。

3. 训练目标的基本内容

（1）运动成绩指标

提高运动成绩是竞技体育活动的首要目的，也是运动训练活动的终极目标。如前所述，运动成绩包括运动员在比赛中所表现出来的竞技水平和比赛名次两个方面。因此，运动成绩指标也可分成竞技水平指标和名次指标两个子目标。

（2）竞技能力指标

对运动成绩决定因素的分析表明，运动员竞技能力的发展水平是决定运动成绩的最重要的因素。构成运动员竞技能力的各个因素的水平及它们的组合方式与运动员的竞技水平有着直接的因果关系。因此，在运动训练中可以建立运动员竞技水平决定因素的特征模型。这样，就可以把运动员训练的竞技水平指标分解为分别反映运动员各种能力特征而又彼此紧密联系的一组具体指标，使我们能够更有目的地、有秩序地组织运动训练过程，并可在训练过程中的不同阶段对运动员各方面的发展程度做出准确的评价，从而对运动训练过程实施有效的控制。

（3）训练负荷指标

对应于训练负荷诊断，训练负荷指标也是目标状态体系中一个不可缺少的重要组成部分。负荷指标的实现正是运动员实现其竞技能力指标，进而实现运动成绩指标的基本保证。训练负荷指标反映着教练员和运动员准备用什么样的决心，付出何等的努力去实现所建立的竞技能力与运动成绩指标。从另一个意义上，也可以说是把所建立的运动成绩指标和竞技能力指标进一步分解为各种具体手段的练习负荷中去，落实到一次次的练习之中。

自学内容

运动训练目标的适宜度

运动训练目标是人为设定的。每一个运动训练主体在设定训练目标时，都会面临一个人为选择的问题，即目标定得高一些好，还是低一些好？

依所设定的训练目标与运动员实际可能之间的比较，可将运动训练目标分为适宜的训练目标、过高的训练目标、过低的训练目标三种。不同适宜度的训练目标对于训练以及比赛活动会带来不同的影响。

1. 适宜的训练目标

从运动员的实际可能出发，科学地预测运动员在面临的运动训练过程中经过艰苦努力可能提高的程度，所确立的训练目标是适宜的训练目标。适宜的训练目标对运动员有着积极的激励作用。运动员相信在教练员的指导和带领下，经过自己的艰苦努力，有可能实现预定的目标，就会激发出巨大的动力，主动地投入训练。遇到挫折时会克服困难，坚持训练；面对比赛中暂时的失败，也会认真地总结教训，改进缺点，发扬优势，以更饱满的斗志去参加下一次比赛。

2. 过高的训练目标

超出运动员的实际可能，只根据完成某项任务的需要，提出不切实际的期望，所设立的过高的训练目标，常常会使训练工作造成严重的失误。在训练中，运动员为了追求既定的目标，按根本无法实现的目标的要求所制定的训练计划，会超限地动员他的机体投人训练，严重地伤害运动员的身体健康，给运动员、教练员带来心理上、生理上巨大的伤害；在比赛中，过高的参赛目标往往导致制定错误的参赛战术，盲目地参与力不能及的竞逐，例如，5000 米跑中，前半程紧紧跟随水平明显高于自己的对手，体力被拖垮，连本来有希望拿到的名次也远远没有得到；再如，一支过高估计自身实力优势的足球队，以大胜对方的目标参赛，盲目进攻，疏于防守，结果却被对手快速反攻而击败。

3. 过低的训练目标

训练目标过低，轻松可以完成，运动员则常常会缺乏拼搏的动力，训练中也会降低对自己的要求。当然，在某些特定的情况下，如训练、竞赛的调整期，或为给运动员减轻心理压力，而有意设立低指标，有时也可取得满意的甚至意外的效果。

本节小结

状态诊断在训练中的重要作用：(1) 为运动训练过程确立一个客观、准确的出发点，(2) 对训练工作效果及时的检查评价，(3) 实施有效训练控制的重要前提。

训练目标在训练过程中的重要作用，(1) 运动训练目标的激励作用，(2) 运动训练目标的导向作用，(3) 运动训练目标的标尺作用。

起始状态与目标状态的完整体系：(1) 训练状态与训练目标的构成，(2) 起始状态诊断的基本内容，(3) 训练目标的基本内容。

依所设定的训练目标与运动员实际可能之间的比较，可将运动训练目标分为适宜的训练目标、过高的训练目标、过低的训练目标三种。不同适宜度的训练目标对于训练以及比赛活动会带来不同的影响。

思考题

1. 结合一个项目说下起始状态诊断的内容包括哪些？
2. 简述状态诊断的重要意义？
3. 过高的训练目标对整个训练有什么影响？

第三章　运动训练的基本原则

内容提要和学习指导

本章重点介绍在运动训练过程中所总结出来的训练原则，以及如何在训练过程中进行合理的贯彻。训练原则是运动训练活动客观规律的反映，对运动训练实践具有普遍的指导意义。因此，在学习时，应首先了解竞技体育项目的特点以及训练规律，并把训练原则合理地融入到运动训练的过程中。

第一节　竞技需要与区别对待训练原则

面授内容

一、竞技需要与区别对待训练原则释义

竞技需要原则是指，根据项目比赛的特点和运动员在比赛中获取期待运动成绩的需要，从实战出发，科学安排训练过程的周期、阶段划分及训练的内容、方法、手段和负荷等要素的训练原则。

比赛是竞技体育活动的核心组成部分，运动训练的目的是提高运动员的竞技能力，以求成功地参加比赛。显然，比赛的需要是训练的依据。训练的结果是否符合比赛的需要，是评价训练效果最重要的标准。一切训练活动都应该从比赛的需要出发，从而设计规划和组织实施。

竞技运动项目是多姿多彩的。有些项目主要比技术，另一些项目则主要比体能；有些项目主要比力量，另一些项目则主要比耐力；有些项目只是个人与个人比赛，另一些项目则是两队之间比赛。不同项目竞技的需要自然也有所不同。因此，研究和把握运动项目的竞技需要，一定要科学认识运动项目的竞技特点，一定要准确了解运动项目的训练要求。

每个运动项目都有着自己相对稳定的竞技特点和训练要求，从事该项目训练的运动员应该努力去熟悉和掌握这些竞技特点，实施和完成这些训练要求。但是，这些竞技特点和训练要求又不是一成不变的，当竞赛规则发生重大改变，或者该项目的竞技水平明显提高时，其竞技特点和训练要求也可能会发生局部的甚至是重要的变化；由于运动员个体的诸多差异，同一个运动项目的运动员竞技能力的结构特点和训练要求也都有着明显的差别；而同一名运动员在训练的不同阶段，其竞技能力的结构特点和训练要求也在不断地发生变化。这就要求我们在运动训练过程中，随时根据运动项目、训练阶段、运动员个体特点等等多个要素的变化，注意有区别地组织好运动训练活动。

运动项目的竞技需要与特定时间空间条件下运动员的个体特征是既有矛盾又紧密联系的两个方面，科学地认识它们之间的辩证关系，并充分发挥二者之间的协同效应，是我们应该遵循的重要训练原则。

二、竞技需要与区别对待训练原则的科学基础

1. 竞技比赛对于训练活动的导向性

运动训练的最终目标是成功地参加比赛，实现预期的比赛结果。因此，一切训练的内容、方法和手段的选择及训练负荷与节奏的安排都应该围绕着成功参赛的需要而组织实施。

人们根据所设定的运动训练目标去选择运动训练的内容，训练的内容都是服务于特定的任务和目标的。选择安排不同的训练内容，就会发展不同的运动能力，只有按照专项竞技的需要去选择训练的内容，才有可能使得运动员的专项竞技能力得到迅速的提高，才能为成功参赛做好准备。

2. 运动专项竞技需要的特异性

不同的运动项目有着不同的竞技特点，要求运动员具有不同的竞技能力结构。构成运动员竞技能力的体能、技能、战术能力、心理能力和知识能力，在不同项目竞技能力结构中的重要程度又有所不同，这就要求我们全面、准确地认识和了解自己所从事的运动项目竞技能力结构的特点，进而选择与专项竞技需要相符合的训练内容、手段及制定相对应的运动负荷方案，有效地组织运动训练活动。

现代运动竞赛中的竞争性和对抗性日益激烈，促使人们把提高专项比赛能力的任务和为提高这一能力的专项训练放在首要的位置，运动训练的内容、方法、手段及负荷都表现出鲜明的专项化趋向。儿童、少年的早期基础阶段的训练也应以未来高水平专项竞技的需要为导向，为专项高水平竞技阶段的训练和参赛打下良好的基础，将早期基础阶段的训练与优秀运动员的专项训练有机地衔接起来。

运动专项竞技的需要对于训练活动具有鲜明的导向性。针对专项竞技的需要组织训练，会明显地提高训练工作的效果，使教练员和运动员付出的辛勤劳动和成果在专项比赛中得到充分的展现；而如果对专项竞技的需要考虑得不够准确或者不够充分，将会给训练工作带来很大的盲目性，往往会事倍功半，花费巨大的精力却难以取得理想的训练效果。

三、贯彻竞技需要与区别对待训练原则的训练学要点

1. 围绕运动训练基本目标全面安排训练、比赛

训练目标应全面体现着专项的竞技需要，是组织好训练活动的重要依据。在制定训练计划时，应对运动员的自身状态做出科学的诊断，对运动员的发育潜力和训练潜力等做出全面的分析和评价，进而确定经过艰苦的努力有较大的概率可实现的训练目标。然后据此全面安排好该训练过程的比赛和任务。

2. 认真研究项目特点与专项竞技的需要

不同竞技项目有着不同的竞技特点和不同的训练要求。贯彻竞技需要原则首先要明确专项的竞技需要是什么，也就是说，要明白怎样能够在这个专项的比赛中获胜。

运动员的比赛结果取决于自己具备的竞技能力及其在比赛中的表现、对手具备的竞技能力及其在比赛中的表现、比赛结果的评定行为这样三个要素。运动员要想在比赛中获胜，就应该提高自己的竞技能力并在比赛中充分发挥和表现出来，要在规则允许的范围内抑制对手竞技能力的发挥和表现，还要在规则允许的范围内力求得到有利于自己的评定和裁决。因此，我们就要研究，自己专项的竞技中需要什么样的竞技能力，比赛中怎样能够发挥得更好，怎样获得有利的评分；在规则允许的范围内，可以怎样去抑制对手的竞技表现。

3. 科学诊断运动员个人特点，针对性地组织训练

运动训练中的区别对待，应该体现在整个训练活动的全过程和全方位之中。**面对运动员不同的个人特点、面对不同训练阶段的时相特点，都需要认真贯彻区别对待的训练原则。**

竞技运动的组织与操作，是通过一个个运动员的训练、比赛而组合起来的。每一个运动员都是一个独立的个体，都有只属于他的形态、机能、素质、个性心理特征以及技术、战术特征；每个人既有各自的优势，也有各自的短板，各有不同的需要和不同的训练任务，因此，每个运动员的训练中会有不同的内容。同一个教练组内的女子体操选手，有的安排多练高低杠，有的则安排多练跳马；有的需要着力发展腿部力量，有的则需要多发展腰腹肌群。这就要求我们在训练中，特别注意共性内容与个别安排的结合。因此，对每一个运动员都应该实施针对性的训练。

在贯彻区别对待的训练中，要注意与运动员的个性发展相结合。高水平竞技体育的运动训练在某种意义上说，就是一项发现天才、张扬个性、打造极品的事业；优秀的竞技选手大都具备超凡的先天条件，只有充分地发扬其个性特征，才有可能培养出国际级的顶尖高手。高水平优秀选手个性化训练的趋势明显加强，同一项目同一水平的优秀运动选手的训练负荷也会有明显的区别。如温宇红的研究展示了当代高水平女子游泳运动员的负荷量多样化和个性化的特征（表3－1）。

表 3-1 当代部分高水平女子游泳运动员典型周游量和日游量的个性化比较

项目	运动员	主项及成绩	日游量	周游量
长距离	Janet Evans	1988、1992 年奥运会 400、800m 自由泳冠军，世界纪录保持者	不超过 16 000m	不超过 80 000m
	Brooke Bennett	1996 年奥运会 800m 自由泳冠军；2000 年奥运会 400、800m 自由泳冠军	12 000 ~ 17 000m	1996 年最多 100 000m 1997 年最多 112 000m
短距离	Inge de Bruijn	2000 年奥运会 50m、100m 自由泳、100m 蝶泳冠军	9 000 ~ 14 000m	平均 70 000m
	罗雪娟	2004 年奥运会 100m 蛙泳冠军	6 000 ~ 8 000m	不超过 50 000m
	Agnes Kovacs	2000 年奥运会 200m 蛙泳冠军	准备期 15 000 ~ 18 000m， 赛前 13 000 ~ 14 000m	

（引自：温宇红．高水平游泳训练的个性化需求与组织方略．北京体育大学博士论文．2006 年）

自学内容（动机激励训练原则）

一、动机激励训练原则释义

动机激励原则是指通过多种方法和途径，激发运动员主动从事艰苦训练的动机和行为的训练原则。遵循这一原则可启发运动员更高的训练积极性和主动性，培养他们的独立思考能力、创造能力和自我调控的能力，促使他们以最大的动力，高质量、高效率地完成训练任务。

二、动机激励训练原则的科学基础

1. 成功动机是运动员参训的重要原动力

动机是指推动人们从事某种活动的内部动力。人们都是怀着对未来成功结果的美好愿望参加某项活动的，渴望成功的动机给人们以鼓励、以激励，使他们能够自觉地、积极地投身于其中。对于竞技运动训练这一需要参与者作出巨大努力和付出，但最后结果又充满不确定性的事业来说，只有激发了强烈的成功动机，才能够吸引千百万有才能的青少年自觉地献身于训练与比赛之中。

2. 竞技训练的长期性和艰苦性要求不断地激励运动员的参训动机

现代高水平竞技训练要求它的参加者多年坚持系统的刻苦训练，承受巨大的心理负荷与生理负荷。而且，在多年训练过程中，运动员还会不断地收到内外环境多种因素的干扰，包括伤病的产生，竞技水平发展暂时的停滞，对成就的自满，不良人际关系的牵制以及其他各种社会的、心理的和生物的问题的出现，都会使运动员感到困惑，降低信心，失去兴趣。因此，就需要从运动员自身和外部不断地激励运动员保持良好的动机，始终对训练的前景充满信心，不断地感受到阶段性成就的喜悦，并继续树立新的训练目标。

三、贯彻动机激励训练原则的训练学要点

1. 加强训练的目的性教育和正确价值观教育

注意通过各种教育学及心理学手段，进行训练的目的性教育，逐步树立起自觉训练的态度和动机。要使运动员认识到获得优秀运动成绩对国家、民族、家庭及个人的重要性及其巨大的社会价值，从而获得鼓舞和激励。

2. 满足运动员合理的需求

要关心运动员的生活，安排好他们的衣食住行，创造良好的人际环境，并尽可能使他们在安全和尊重上得到必要的保障，并引导运动员形成“自我实现”的更高层次需要，以产生积极从事训练和比赛的动机。

3. 激发运动员参与训练和比赛的兴趣

注意运用符合不同年龄运动员个性心理特征的多种手段，激发运动员参加运动训练和竞赛的兴趣。儿童少年初期训练时应多以游戏和玩耍的形式进行全面训练。

4. 发挥运动员在训练工作中的主体作用

应使运动员了解训练的目的、任务、要求与安排，并使运动员在一定程度上参与训练计划的制定和运动训练的组织，促使运动员将被动训练转换为主动式训练。同时要注意有意识地培养运动员独立思考的能力，提高运动员在各种复杂环境及社会条件下较好地控制自己的思想、行为和动作技术的自控能力和应变能力。

5. 注意教练员自身的榜样作用

教练员要特别注意自己的言行，要善于说服教育，注意克服简单、粗暴的态度和做

法，并以自己的知识、能力和表率作用以及通过有效的训练取得优异运动成绩来建立权威取得运动员的信任，并以此激发运动员训练的积极性。

6. 注意正确地运用动力

正确运动精神、物质和信息这三种动力，互相补充，扬长避短，取得理想的效果。要正确地认识和处理好个体动力和机体动力的关系，让个体动力在大方向基本一致的情况下得到充分的发展，以求得比较大的机体动力的总量。

本节小结

竞技需要原则与区别对待训练原则是根据项目比赛的特点和运动员在比赛中获取期待运动成绩的需要，从实战出发，科学安排训练过程的周期、阶段划分及训练的内容、方法、手段和负荷等要素的训练原则。运动训练的最终目标是成功地参加比赛，实现预期的比赛结果。因此，一切训练的内容、方法和手段的选择及训练负荷与节奏的安排都应该围绕着成功参赛的需要而组织实施。对于不同专项、不同的运动员或不同的训练状态、不同的训练任务及不同的训练条件，都应有区别地组织安排各自相应的训练过程，选择相应的训练内容，给予相应的训练负荷。

动机激励原则是指通过多种方法和途径，激发运动员主动从事艰苦训练的动机和行为，促使他们以最大的动力，高质量、高效率地完成训练任务。

思考题

1. 什么是竞技需要与区别对待训练原则?
2. 在训练中如何贯彻竞技需要与区别对待训练原则?
3. 什么是动机激励训练原则?
4. 在训练中如何贯彻动机激励训练原则?

第二节　系统持续与周期安排训练原则

面授内容

一、系统持续与周期安排训练原则的释义

系统持续与周期安排训练原则是指，运动员应该系统持续地从事运动训练，并应分阶段做出周期性安排的训练原则。

为了在运动训练活动中实现人体的适应性改造，运动员需要多次承受运动负荷，渐进地提高自己的竞技水平。持续的运动训练可使训练效应不断累加，而训练活动的间断则会降低训练效果。培养一名国际水平的竞技选手，通常需要经过6～10年的系统训练，世界优秀选手都是在多年系统的训练过程中培养出来的。同样，在一个年度、一个阶段的训练中，也要求保持良好的连续性。

人体运动能力的周期性提高，竞技状态的周期性变化，重大赛事的周期性举办，都提示我们，周期性地安排好运动训练过程，处理好负荷与恢复、分解与综合、训练与竞赛的有机联系，是设计、组织运动训练过程的重要原则。

系统的持续的运动训练过程需要分解成若干个组织周期，不同时间跨度的多个周期组合成系统的持续的运动训练过程。发挥好系统训练与周期安排的协同效应，对运动训练活动的成功有着重要的作用。表3－2为全程性多年训练过程中的阶段划分，即展示了系统持续与周期安排的有机协同。

表 3－2　全程性多年训练过程的阶段划分

<table>
<tr><th rowspan="2">阶段</th><th rowspan="2">主要任务</th><th rowspan="2">年限</th><th colspan="2">训练的重点内容及顺序</th><th rowspan="2">负荷特点</th></tr>
<tr><th>体能主导项目</th><th>技能主导项目</th></tr>
<tr><td>基础训练阶段</td><td>发展一般运动能力</td><td>3～5</td><td colspan="2">1. 协调能力，基本运动能力
2. 多项基本技术
3. 一般心理品质
4. 基本运动素质</td><td>循序渐进
留有余地</td></tr>
<tr><td>专项提高阶段</td><td>提高专项竞技能力</td><td>4～6</td><td rowspan="2">1. 专项运动素质
2. 专项技战术
3. 专项心理品质
4. 训练理论知识</td><td rowspan="2">1. 专项技战术
2. 专项运动素质
3. 专项心理品质
4. 训练理论知识</td><td>逐年增加
逼近极限</td></tr>
<tr><td>最佳竞技阶段</td><td>创造专项优异成绩</td><td>4～8</td><td>在高水平
区间起伏</td></tr>
<tr><td>竞技保持阶段</td><td>努力保持
专项竞技水平</td><td>2～5</td><td>1. 心理稳定性
2. 专项技、战术
3. 专项运动素质
4. 训练理论知识</td><td>1. 心理稳定性
2. 专项运动素质
3. 专项技、战术
4. 训练理论知识</td><td>保持强度
明显减量</td></tr>
</table>

（引自：田麦久．运动训练学．人民体育出版社．2000 年）

二、系统持续与周期安排训练原则的科学基础

1. 人体运动生物适应的长期性

系统的持续训练是取得理想训练效应的必要条件，人体对训练负荷的生物适应必须通过有机体自身的各个系统、各个器官、各条肌肉乃至各个细胞的变化，一点一点地去实现。运动员的竞技能力是多种能力的综合表现，它不仅涉及生理、心理等各个方面的因素，同时又受先天、后天因素的影响。因此，人体机能的适应性改造（包括中枢神经系统功能的改造），不是在短期内所能奏效的。训练对提高运动员竞技能力的影响，必须通过人体内部的适应性改造才能实现。从人体生物适应的角度来看，运动员应持续地承受负荷，进行系统的训练。

2. 运动训练效应的不稳定性

运动员在负荷作用下所提高的竞技能力，无论是体能、技能、战术能力、知识能力，还是心理能力的变化，都具有不稳定的特点。当训练的系统性和持续性遭到破坏而出现间断或停顿的时候，已获得的训练效应也会消退以至完全丧失。为了避免技能、体能的消退，克服训练效应的不稳定性，必须在训练效应产生并保持一定时间的基础上重复给予负

荷，使得训练负荷的积极效应得到强化和累积，使得运动能力得到不断改进和完善。因此，要想获得理想的训练效应，有效地发展运动员的体能、技能、战术能力、知识能力及心理能力，就必须注意保持训练过程的持续性，系统地、不间断地参加训练。

3. 人体生物适应的阶段性

人体在训练负荷下的生物适应过程，不仅是长期的，同时也是分阶段实现的。机体对一次适宜训练负荷的反应，可分为工作、适应、恢复和训练效应消失等几个阶段。在更长一些时间的跨度内，如几个月至一年的训练过程中，运动员机体能力的变化同样经历着不同的阶段，这就是竞技状态的提高、保持和下降三个阶段。

三、贯彻系统持续与周期安排训练原则的训练学要点

1. 健全多级训练体制，为运动员实现多年系统训练提供有力保证

运动员系统的多年训练活动，必须以健全的多年训练体制作为保证。尽管不同国家的训练体制各有自己的特点，但都着眼于保证运动员多年系统训练的实施。我国目前现行的是三级训练体制，包括中、小学课外训练，业余体校和竞技运动学校的训练以及优秀运动队的训练这样三个层次，各自担负着多年训练过程中不同阶段的训练任务。

为了保证不同层次的训练组织完成各自的任务，使运动员得以保持多年训练的系统性，在最佳竞技年龄区间表现出最高的竞技水平，各层次必须紧密衔接，防止各级训练各行其是。相应的对策是：

——制定各项目运动员在不同年龄阶段系列的训练大纲；

——建立与多年训练各阶段基本任务相适应的竞赛制度；

——建立相应的奖励制度，鼓励中小学、业余体校及运动学校的教练员认真完成基础训练和初级专项训练的任务。

美国等许多国家的俱乐部制、德国的体育寄宿学校、古巴的青年体校，都对保持少年时期和成年时期训练的良好衔接起着重要的作用。

2. 科学制定训练计划

在现代竞技运动中，运动员只有接受长时间的系统训练，才有可能参与激烈的角逐，夺取胜利。但对这种长时间的训练活动，则又必须科学地予以提前规划。训练计划正是组织实施训练活动的基本设计。科学制定的训练计划，是保证训练的连续性、取得理想训练效果不可缺少的重要因素。

3. 按阶段性特点组织训练过程

运动训练过程的组织实施，必须遵循其阶段性的特点，有步骤、有秩序地进行。而这一步骤则是按固有的程序排列的。如全程性多年训练依次分为基础训练阶段、专项提高阶

段、最佳竞技阶段及竞技保持阶段。一个持续2～6个月的训练大周期，依次分为准备时期、比赛时期及恢复时期；一次训练课也依次分为准备部分、基本部分和结束部分等等。

训练过程的程序性表现在训练的各个方面。如发展周期性耐力项目运动员的专项能力，应以一般耐力和最大速度为基础；体操运动员学习旋空翻，则必须首先掌握后空翻两周及后空翻转体360°的技术。一支足球队要想熟练运用发高角球战术，就必须有队员能从角旗旁向球门前踢出适宜高度、远度、弧度的球，又要有一名或数名队员能在适宜的瞬间冲到门前适宜的位置，跃起争顶，头球破门。这些环节若缺少任何一个，都不可能组织起成功的发高角球战术。练习内容的程序性在许多情况下都是不可逆的，必须按照固有的程序进行，这样才能取得理想的训练效果。忽视训练活动的程序性，会造成许多不良后果。

要注意两个周期之间的衔接工作，协调各个周期之间的关系。在结束每一周期和实施下一周期的训练工作前，进行科学测评，针对前一周期在身体、技术、战术、心理等方面所产生的变化及存在的问题，认真总结经验和教训，作为制订和实施下一周期训练计划的依据，以便使各周期的训练工作有机地衔接起来。

自学内容（有效控制训练原则）

一、有效控制训练原则释义

有效控制原则是指要求对运动训练活动实施有效控制的训练原则。训练中应准确把握和控制运动训练活动的各个方面或运动训练过程的各个阶段，训练的内容、量度及实施，并对他们进行及时的和必要的调节。

二、有效控制训练原则的科学基础

“控制”是指对系统的有目的、有方向的调节、指挥和掌握。参与运动训练的主体是教练员和运动员，训练的直接作用则首先反映在运动员竞技能力的变化上。每一时刻运动员竞技能力的即时状态，既是此前训练的结果，又是继续训练的出发点。而这一状态的水平，既受着训练因素的影响，又受着运动员的情绪和社会交往等心理因素的影响；既受着训练条件、场地及气候环境因素的影响，又受着运动员个人生物节奏的影响。同时，一些偶发因素，如意外的伤病，比赛中非可控因素导致竞赛结果的改变等，也都会对运动员竞技能力的状态产生不同程度的影响。所有这些复杂因素的变化，都必然导致运动员竞技能力发生变化。此外，国家或地区的训练体质、训练组织、竞赛组织、竞赛制度、奖励制度及训练后勤措施，以及家庭社会等其他条件的变化，也都会直接或间接的影响训练活动的进行。因此，只有对不断变化的训练过程实施有效的控制，才能使实现预定的训练目标成为可能。

三、贯彻有效控制训练原则的训练学要点

有效控制训练过程的前提是制定科学的训练计划。而科学的训练计划，应该紧紧围绕着实现预先确立的目标，有机地组织训练过程的实施。而在实施训练过程的有效控制的过程中，应该高度重视训练信息的采集和运用。通过多种多样的诊断方式（包括生理学和心理学的，生物力学和生物化学的，以及运动训练学的各种诊断方式），采集大量训练信息，从中了解运动员竞技能力、训练效应及各方面影响因素的变化，从而及时作出决策，对训练过程的不同环节发出修正指令，使运动训练过程与运动员的现实状态相适应，取得理想的训练效果。

本节小结

系统持续与周期安排训练原则是指，运动员应该系统持续地从事运动训练，并应分阶段做出周期性安排的训练。科学制定的训练计划，是保证训练的连续性、取得理想训练效果不可缺少的重要因素。运动员只有接受长时间的系统训练，才有可能参与激烈的角逐，夺取胜利。

有效控制原则是指要求对运动训练活动实施有效控制，而有效控制训练过程的前提是制订科学的训练计划。

思考题

1. 什么是系统持续与周期安排训练原则？
2. 在训练中如何贯彻系统持续与周期安排训练原则？
3. 什么是有效控制训练原则？
4. 在训练中如何贯彻有效控制训练原则？

第三节　适宜负荷与适时恢复训练原则

面授内容

一、适宜负荷与适时恢复训练原则的释义

适宜负荷与适时恢复原则是指，根据运动员的现实可能和人体机能的训练适应规律，以及提高运动员竞技能力的需要，在训练中给予相应量度的负荷，负荷后及时消除运动员在训练中所产生的疲劳，通过机体适应过程，提高运动员竞技能力和取得理想训练效果的训练原则。

运动员在训练中承受了一定的运动负荷后，必然会产生相应的训练效应。但并非只要施加了负荷，就一定会产生良好的训练效应。训练负荷的安排对训练效应的好坏有着重要的影响。机体对适宜的负荷会产生良性的适应；但如若负荷过小，则不能引起机体必要的应激反应；而在过度负荷作用下则会出现劣变反应。在运动员疲劳达到相应程度时，应依照训练的统一计划，适时安排必要的恢复性训练，采取有效的恢复措施，使运动员的机体得到充分的恢复和提高。

适宜的运动训练负荷使得运动员机体发生相应程度的疲劳，适时地消除机体在训练负荷影响下产生的疲劳并促进机体的良性补偿使得运动员的竞技能力得到提高。负荷与调整，消耗与补充，疲劳与恢复是训练过程中无时不在的矛盾的两个方面。正确认识适宜负荷与适时恢复的辩证关系，充分发挥二者的协同效应，是我们应该遵循的重要训练原则。

二、适宜负荷与适时恢复训练原则的科学基础

1. 人体机能对外加适宜负荷的适应性机制

在负荷保持在一定程度的条件下，机体的应激以及随之产生的一系列变化，都会保持在一个适度的范围内。这时负荷的量度越大，对机体的刺激越深，所引起的应激也越强烈，机体产生的相应变化也就越明显，人体竞技能力提高得也就越快。自 19 世纪末期现代奥林匹克运动兴起以来，运动员的负荷量已大大地增加了。20 世纪 20 年代，著名的芬兰中长跑运动员努尔米，一年只训练 6 个月，每周训练 3～4 次；30～40 年代，瑞典的海

格将一年训练的时间增加到9个月，他的成绩远远超过了努尔米；一个世纪以来，耐力性项目世界优秀运动员年训练负荷量的明显增加，对竞技水平的提高起着重要的作用。多年来在国际赛场屡创佳绩的中国男子举重队在20世纪50~80年代训练负荷的渐次增大，也为增加训练负荷提高竞技水平提供了有力的论证，见（表3-3）。

表3-3　中国男子举重训练负荷的发展过程

年代	周训练次数	每次训练组数（大负荷）	全周组数	一次训练项目数	每组次数	训练强度（占最高强度）
50	4~5	30~50	120~160	5~6	2~4	70%~85%
60	5~6	40~45	200左右	4~5	1~3	75%~95%
70	5~6	50~60	200以上	4~5	1~3	75%~95%
80	8~9	30~40	300左右	2~5	1~2	100%
90	6~9	30~40	200~250	3~5	1~3	80%~95%
2000	6~9	40~50	250~300	2~5	1~3	80%~100%
2010	8~11	40~50	300~350	2~5	1~3	80%~100%

（引自：李益群等．体育博奕论．北京体育大学出版社．2002年）

2. 机体在过度负荷影响下的劣变性

运动员机体承受训练负荷时，会产生应激性的反应。当负荷过大，超过运动员机体所能承受的阈值时，运动员机体则会出现劣变反应。

在训练实践中，对机体的负荷通常都是连续施予的，几次负荷之间不同的间隔与联系，会产生不同的效应。如果在前次负荷后机体的超量恢复阶段再施予负荷，会使机体水平不断提高；而如果前次负荷后运动员的机体还没有得到恢复便再次施予负荷，则会导致机能水平的下降（图3-1）。

过度负荷有时表现在生理方面，也有时表现在心理方面。过度负荷的直接结果，首先是机体出现不适应的症候，这种不适应的症候包括：

——慢性体重下降；

——非受伤引起的关节及肌肉疼痛；

——慢性肠功能紊乱；

——扁桃体及腹股沟淋巴结肿大；

——鼻塞和发冷；

——出现皮疹和肤色改变；

——周身性肌肉紧张；

——疲惫不堪、失眠不安。

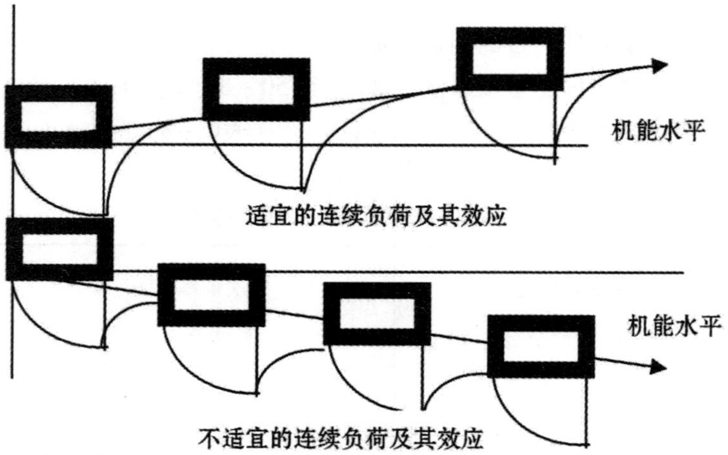

图3－1　连续负荷及其效应（依雅可夫列夫，1957）

上述不适应症候出现后，如果仍不采取措施，使运动员机体得到必要的恢复，那么就会进一步发展成为过度疲劳。过度疲劳会对运动员机体带来很大的破坏，会导致运动员健康状况和体能的明显下降，使运动创伤增加，甚至造成灾难性的后果，有些运动员甚至因此过早地结束了自己的运动寿命。

运动员高负荷训练后、重大比赛后或者遇到某些特殊的经历后，出现不同程度的心理疲劳。心理疲劳对运动员训练和比赛的状态有着不可忽视的影响，其影响的深度有时会明显超过生理疲劳，给运动员保持系统持续的训练和比赛带来巨大的阻碍，必须予以高度重视。

三、贯彻适宜负荷与适时恢复训练原则的训练学要点

1．准确把握运动训练负荷的适宜量度

适宜训练负荷应该能够完成下列任务：在运动员机体能够承受的前提下，有助于达到高水平的专项运动成绩，能够完成预定的训练任务，能够促使运动员各种能力产生定向变化；负荷强度与负荷量有适宜的组合；负荷安排的节奏要保证课与课之间的衔接，能产生良性的后续效应，保证运动员有机体的生物学改造能够顺利进行。

负荷的适宜度主要通过施加负荷产生的后果来予以评价，包括：机体疲劳的程度及恢复与超量恢复所需的时间、技战术训练的效果、是否引发运动性伤病、以及是否引发心理疾病和心理障碍等方面。

通过生理生化指标的监测可以比较客观地诊断运动员机体的生理疲劳程度。如血色素、尿蛋白、血睾酮等都是常用的监测指标；建立义务监督制度，定期与不定期地进行健康检查，可以及时地发现运动性伤病。

表3-4 评定优秀运动员机体疲劳的部分生理生化指标举例

机能系统	生化指标	正常参考范围	简易评定方法
心血管系统	血压 BP	收缩压 90~140mmHg 舒张压 60~90mmHg	安静时血压升高 20% 左右持续两天以上，可能是机能下降或过度疲劳
免疫系统	血清谷氨酰胺	560~640 μmol/L	下降 50% 以上为过度训练或免疫力下降
内分泌系统	血清睾酮 T 血清皮质醇 C	男 9.5~35.0nmol/L 女 0.35~3.50 nmol/L 8 时 165~720 nmol/L 16 时 55~250 nmol/L 24 时 55~140 nmol/L	大负荷训练后血清睾酮下降，血清皮质醇上升，为机能状态差或过度疲劳
神经系统	闪光融合频率	32~38Hz	训练后测试值与训练前正常值之差：1.0~3.9Hz 为轻度疲劳；4.0~7.9Hz 为中度疲劳；8.0Hz 以上为重度疲劳
骨骼肌系统	CK	男 10~300U/L 女 10~200 U/L	大负荷训练 2~3 天后，血清 CK 仍高于 300 U/L 时，表明负荷较大，身体尚未恢复
物质能量代谢	血尿素 血氨	4 ~7mmol/L 20~110 μmol/L	运动后血尿素增殖大表示机能下降 运动性高血氨是机体疲劳的重要标志

（引自：冯连世等．优秀运动员身体机能评定方法．人民体育出版社．2003）

2. 科学地探求负荷量度的临界值

多年以来，人们已经清楚认识到，负荷量度的增加会带来更好的训练效果，而且越接近运动员承受能力的极限，效果就越明显，于是许多教练员和科学家都在致力于寻找这一负荷量度的极限。著名的日本排球教练员大松博文在充分挖掘运动员机体潜力方面进行了大胆的尝试，他的女排选手常常每天训练 6~7 个小时，练出了顽强的毅力和熟练的攻防技巧，使日本女排多次登上世界冠军的领奖台。中国长跑教练员马俊仁，为他训练的女选手设计了“每天一个马拉松”的负荷计划，也造就了田径史上辉煌的一页。

运动员负荷量度临界值的大小既随其发育程度、竞技水平等较为稳定的状态的变化而变化，又受着运动员健康状况、日常休息、心理状态因素的影响。因此，对它的测定和评价必须要有充分的科学依据，要用科学的诊断方法力求准确地掌握负荷量度的临界值。在当前，人们对负荷极限的认识还不具备完全把握的时候，通常应注意留有余地，以避免过度训练的出现。

3. 积极采取加速机体恢复的适宜措施

（1）训练学恢复手段

训练学恢复手段主要包括变换训练内容和训练环境，交替安排负荷，调整训练间歇的时间与方式，在训练课中穿插和采用一些轻松愉快、富于节奏性的练习等训练手段，也包括在恢复过程中以轻微的肌肉活动，帮助肌肉和血液中的乳酸更快消除，还可以根据人体的“生物钟”节律，安排好每天的训练时间，成为一种习惯性的定型，节省神经能量，也有利于机体的恢复。

（2）医学、生物学恢复手段

医学、生物学恢复手段主要包括理疗恢复手段，如水浴、蒸气浴、旋涡浴、氮水浴、苏打碳酸浴、盐浴、珍珠浴、含氧浴、腐植酸浴等，其他手段还有按摩、电兴奋、电睡眠、紫外线照射、红外线照射等。

（3）营养学恢复手段

由于运动时运动员的能量消耗大，运动后的能量补充除了考虑补充物的数量，还应注意各种营养素的适宜搭配。例如，运动后吃不同的糖，对身体不同部位糖贮存的恢复就有不同的影响。维生素及多种微量元素更是运动员营养中不可缺少的重要组成部分，它与运动能力的恢复有着密切的关系。维生素及多种微量元素在体内不能合成或合成不足，必须从食物中摄取，所以要注意食品的种类和配比。

（4）心理学恢复手段

一般可利用自我暗示、放松训练、转换训练、气功调节、生物反馈等手段促进恢复；针对每个运动员特殊的心理问题，要对症下药，进行专门的心理调节或心理辅导。

自学内容（直观教练训练原则）

一、直观教练训练原则释义

直观教练原则是指在运动训练中运用多种直观手段，通过运动员的视觉器官，激发活跃形象思维，建立正确的动作表象，培养运动员的观察能力和思维能力，提高运动员竞技水平的训练原则。

二、直观教练训练原则的科学基础

运动员在学习和掌握动作的练习时，一般都是沿着直观（具体、生动的思维）→实践（建立动作表象，学习和了解技术要点）→建立概念（形成抽象思维）→学会和掌握动作技能的思维认识程序进行的。在这一过程中，直观的感性认识起着重要的作用，是掌握动作技能的起始和基础。在运动训练的各个练习过程中，运动员必须运用自己的各种感官去体会动作，人的感觉有77%来自视觉器官。通过视觉器官所得到的形象化认识，会大大地有助于人们进行正确的思维和掌握运动技能。

动作技能与其他竞技能力的形成发展一样，都有其内在的练习和自身的体系，反映着事物由低到高、由易到难、由简到繁的发展规律。在动作技能形成的全过程中，特别是在其初级阶段，人体视觉器官在直观教练过程中，所获得的丰富信息会在很大程度上促进动作技能的形成。

三、贯彻直观教练训练原则的训练学要点

1. 教练员应高度重视直观教练原则的运用。除运用多种多样的影响手段外，应尽可能地身体力行，为运动员、特别是儿童少年选手作直观的动作示范。

2. 注意应用科学技术的新成果。现代影像技术发展得很快，不断地为人们提供新的手段和工具。应用多维摄影、快速摄影及录像等影视手段都会取得很好的直观效果。

3. 注意直观教练与积极思维的有机结合。

本节小结

适宜负荷与适时恢复原则是根据运动员的现实可能和人体机能的训练适应规律，以及提高运动员竞技能力的需要，在训练中给予相应量度的负荷，负荷后及时消除运动员在训练中所产生的疲劳，通过机体适应过程，提高运动员竞技能力和取得理想训练效果。

直观教练训练原则是指在运动训练中运用多种直观手段，通过运动员的视觉器官，激发活跃形象思维，建立正确的动作表象，提高运动员竞技水平的训练原则。除运用多种多样的影响手段外，应尽可能地身体力行，为运动员、特别是儿童少年选手作直观的动作示范。

思考题

1. 什么是适宜负荷与适时恢复训练原则？
2. 在训练中如何贯彻适宜负荷与适时恢复训练原则？
3. 什么是直观教练训练原则？
4. 在训练中如何贯彻直观教练训练原则？

第四章　运动训练方法

内容提要和学习指导

本章介绍运动训练的方法的释义、作用、基本结构及分类，各种运动训练方法的实际运用。学习时，要首先了解训练方法的内涵，了解和掌握模式训练和程序训练的要点，了解和掌握各种训练方法的要点及其组合特点，在实际训练过程中应用不同的训练方法达到预期的训练效果，从而以科学的训练方法和手段提高运动成绩。

第一节 运动训练方法概述

面授内容

一、运动训练方法释义

1. 运动训练方法释义

运动训练方法是在运动训练活动中，提高竞技运动水平、完成训练任务的途径和办法。运动训练方法在教练员的“训”和教练员的“练”的过程中被予应用，是教练员和运动员在双边活动中共同完成训练任务的方法。运动训练方法是对各种具体训练方式和办法的概括，是对具体训练方法的集中表述。

2. 运动训练方法的应用

在运动训练过程中，运动训练方法是教练员进行训练工作、完成训练任务、提高运动员竞技能力的应用工具。现代竞技运动发展历史表明：运动训练方法的不断创新和科学运用推动各项竞技运动整体发展水平的作用是十分巨大的。一种科学训练方法的诞生既是科学训练原理的具体体现，也是科学训练实践的高度总结。因此，正确地认识和掌握不同训练方法的功能和特点，有助于顺利地完成运动训练过程不同时期的训练任务；有助于有效地控制各种竞技能力的发展进程；有助于科学地提高不同项目运动员的整体竞技能力。

二、运动训练方法体系

1. 运动训练方法的基本结构

构成运动训练方法的主要因素是练习动作及其组合方式、运动负荷及其变化方式、过程安排及其变化方式、信息媒体及其传递方式、外部条件及其变化方式等要素。其中，练习动作及其组合方式主要是指运动员为完成具体训练任务而进行的身体练习以及各个练习之间的固定或变异组合方式。运动负荷及其变化方式主要是指各种身体练习时对有机体所施加的刺激及在强度、量度以及负荷性质方面的变化形式。过程安排及其变化方式主要是指对训练过程的时间、人员的组织、器材的分布、内容的选择、练习的步骤等因素的安排及其变化形式。信息媒体及其传递方式主要是指教练员指导训练工作时，所采用的诸如讲解、图视、观摩等信息传递方式。外部条件及其变化方式主要是指训练气氛、训练场地、训练设备、训练器材、训练工具等因素的影响及其变化方式。运动训练中的许多方法正是由这五种因素所组成。这些因素的不同组合及其变化，可以形成具有不同功能的多种训练方法。

2. 运动训练方法的基本分类

运动训练方法是多种多样的。有些方法具有广泛的实用性，对各种主要竞技能力的发展具有不同的作用，如重复训练法、比赛训练法等；有些方法的适用领域则较为专门化，对某一竞技能力子因素具有特殊的发展作用，如等动力量训练法；有些方法属于过程控制性的，即在运动训练的某一阶段对运动员训练内容的掌握或竞技能力因素提高具有控制作用，如模式训练法、程序训练法等；有些方法属于现场操作性的，即在训练课中用于发展若干竞技能力的方法，如间歇训练法、循环训练法等。因此，对运动训练方法进行科学分类，建立科学方法体系是十分必要的。

考虑到理论上的相对完整和实践应用的方便，我们**依据不同训练方法的基本作用和适用范围，将它们分为整体控制方法和具体操作方法两大类。前者包括模式训练法和程序训练法两种具有整体思维特征的训练方法；后者则包括完整训练法、分解训练法、持续训练法、间歇训练法、重复训练法、变换训练法、循环训练法及比赛训练法 8 种具体的直接操作的训练方法。**

自学内容

一、运动训练手段释义及作用

1. 运动训练手段释义

运动训练手段是指在运动训练过程中，以提高某一竞技运动能力、完成某一具体的训练任务所采用的身体练习，是具体的有目的的身体活动方式，是运动训练方法的具体体现。

2. 运动训练手段的作用

在运动训练活动中，教练员、运动员通过采用具体的训练手段去完成具体的训练任务、提高某一竞技能力水平。不同的训练手段具有不同的功效，科学地认识和应用不同训练手段的功效和特点，有助于科学地完成运动训练过程不同时期的具体训练任务，有助于科学地提高不同运动项目运动员的各类竞技能力。

二、运动训练手段体系

1. 运动训练手段的基本结构

训练手段的基本结构可从身体练习的动力特征、动作构成和动作过程三个层面予以解析。它的动力特征包括力的支点、力的大小和力的方向三种要素。动作构成包含动作的姿势、轨迹、时间、速度、速率、力量及节奏七种要素。动作过程包含动作开始、进行和结束三个阶段。由于动作的动力要素、构成要素和过程要素的变化，又组合出多种多样的训练手段。

2. 运动训练手段的基本分类

依练习的目的，可将运动训练手段分为发展体能的训练手段，改进技术的训练手段，提高战术能力的训练手段，改善心理状态的训练手段；依在训练手段的效果对专项能力的影响，可分为一般训练手段和专项训练手段；依在训练活动中的应用价值，可分为基本训练手段和辅助训练手段；依练习手段的动作结构特点，则可分为包含周期性练习和混合性练习的单一结构训练手段和包含固定性练习及变异性练习的多元结构训练手段两大类。

本节小结

运动训练方法是在运动训练活动中，提高竞技运动水平、完成训练任务的途径和办法。

运动训练方法的作用是，有助于顺利地完成运动训练过程不同时期的训练任务；有助于有效地控制各种竞技能力的发展进程；有助于科学地提高不同项目运动员的整体竞技能力。

运动训练方法的主要构成因素是练习动作及其组合方式、运动负荷及其变化方式、过程安排及其变化方式、信息媒体及其传递方式、外部条件及其变化方式等要素。

运动训练手段是指在运动训练过程中，以提高某一竞技运动能力、完成某一具体的训练任务所采用的身体练习。科学地认识和应用不同训练手段的功效和特点，有助于科学地完成运动训练过程不同时期的具体训练任务，有助于科学地提高不同运动项目运动员的各类竞技能力。

思考题

1. 运动训练方法的含义及其作用是什么?
2. 运动训练方法由哪些因素构成?
3. 试述运动训练方法的分类。
4. 简述运动训练手段的分类。

第二节 运动训练主要方法

面授内容

运动训练的基本操作方法主要包括:分解、完整、重复、间歇、持续、变换、循环及比赛等训练方法。本节主要对这些方法的各自含义及其作用、类型、特点、应用与要求进行阐述,为选用运动训练的基本操作方法提供科学的理论指导。

一、完整与分解训练法

1. 完整与分解训练法释义

完整训练法是指从技术动作或战术配合的开始到结束,不分部分或环节,完整地进行练习的训练方法。运用完整训练法便于运动员完整地掌握技术动作或战术配合;保持技术动作或战术配合的完整结构和各个部分之间的内在联系。

分解训练法是指将完整的技术动作或战术配合过程合理地分成若干个环节或部分,然后按环节或部分分别进行训练的方法。运用分解训练法可集中精力完成专门的训练任务,加强主要技术动作和战术配合环节的训练,从而获得更高训练效益。当技术动作或战术配合过程较为复杂、可以分解,且运用完整训练法又不易使运动员直接掌握的情况下,或者技术动作、战术配合的某些环节需要较为细致地专门训练时,常采用分解训练法。

2. 完整训练法与分解训练法的应用

应用完整训练法与分解训练法时要注意方法的选择与训练负荷的把握。

进行技术训练或战术训练时,教练员和运动员都常常面临着一个问题:应该通过完整的技术动作练习和完整的战术配合练习去掌握它，还是运用分解训练法去进行练习？完整训练法与分解训练法在练习的内容与负荷等方面均存在明显的不同，训练中应在完成不同任务时分别采用，不同项目也有不同的应用特点。

运用完整训练法时，负荷强度的掌握有明显的项群特点。速度性、力量性、表现难美性、表现准确性、格斗对抗性、隔网对抗性项目比赛时间不长，运动员按比赛要求做一次完整的练习后，勿须太长时间即可基本恢复，并能再次承受新的负荷。因此，在一次训练课中可以多次用等于甚至高于比赛强度的训练强度进行训练；耐力性项目、同场对抗性项目、轮换攻防性项目比赛时间长，像比赛一样的一次完整的训练，运动员须全力以赴，常常要精疲力竭地去做才能够完成，进行一次完整的（比赛）训练之后，亦需要较长时间才能比较充分地恢复。因此，负荷强度的掌握有明显的项群特点。完整训练法的负荷强度一般低于比赛负荷。

运用分解训练法时负荷的强度可以局部地高于比赛强度。一次练习的负荷量不大，但一堂训练课的总体负荷量可大大地增加，甚至几倍于比赛负荷。运用分解训练法也要注意练习内容的合理“分解”问题，常用的有正向递进分解、逆向递进分解、散点组合分解等方法。按照技术动作和战术组合自身固有的顺序从第一个构成部分开始组织分解练习即叫做“正向递进分解训练”；反之，从结束部分开始由后向前组织分解练习即叫做“逆向递进分解训练”；不按固有顺序，先练习和掌握其中几个点（要点、难点或者易点），逐步连接完整掌握，即叫做散点组合分解训练。

二、持续训练法、间歇训练法、重复训练法

1. 持续训练法、间歇训练法、重复训练法释义

依练习中负荷与间歇的不同关系建立的训练方法体系包括持续训练法、间歇训练法和重复训练法。

运动员做一个练习，有时需要不间断地进行，有时则把一个练习分成若干个段，每两段练习之间加上一定时间的间歇，经过若干段的操作，最后完成一项内容的练习。前者即**不间断地连续进行练习的训练方法叫做持续训练法**，如10公里越野跑、45分钟的足球赛、连续100次垫接扣来的排球等；后者即负荷与休息交替进行的训练方法则为间歇训练法或重复训练法。**如果分段（次）负荷之间的休息相对比较充分，则称为重复训练法，如果分段（次）负荷之间的休息明显地很不充分，则称为间歇训练法。**

我们以运动员在一次训练课中，须完成10公里跑为例，如果运动员采用持续训练法，则要不间断地连续跑完10公里，如果运动员采用重复训练法，可以选择2000米段落，跑5次，每两次中间休息10～20分钟；如果运动员采用间歇训练法，可以选择1000米段落，跑10次，每两次中间以慢跑400米作为间歇；或者选择400米段落，跑25次，每两次中间以慢跑200来或100米作为间歇。

2. 持续训练法、重复训练法、间歇训练法的应用

应用持续训练法、重复训练法、间歇训练法的要点在于对练习负荷的准确把握。

采用持续训练法时，由于连续负荷时间长，负荷量较大，所以负荷强度比较低，主要用于发展一般耐力素质，或借以提高掌握某一练习的熟练程度。

采用重复训练法时，每次负荷的强度要求接近、等于甚至高于比赛时的负荷强度，所以，两次负荷之间的休息相对充分，心率通常控制在每分钟 120 次左右，再进行下一次负荷。在一个训练单元中的总负荷量通常较小。重复训练法多在专项训练时使用。

采用间歇训练法时，运动员把一个完整的练习，分解成若干较小的部分多次进行，中间给以适当的间歇，这就使得运动员在局部的负荷中有可能达到、甚至超过比赛时的负荷强度，而一个训练单元中负荷的总量亦可大大地超过一次完整练习的量。由于机体在不完全恢复状态下反复进行练习，可有效地提高机体的乳酸供能、磷酸原供能能力、有氧代谢供能能力以及多种混合供能能力。

间歇训练的实施效果与分解负荷的特点、间歇的时间与形式密切相关，并组合形成了多种练习类型。胡亦海（1998）把间歇训练法区分为三种基本类型，即高强性间歇训练方法、强化性间歇训练方法和发展性间歇训练方法。

持续训练法、重复训练法、间歇训练法三种训练方法均起源于中长跑的理论研究和训练实践，逐渐被其他竞速项目运动员所采用，并拓展至所有的运动项目，有了更为广泛的应用价值，其方法学理论也在训练实践中日益丰富和完善。

三、循环训练法

1. 循环训练法释义

按照预定的路线和顺序，分站依次连续完成不同练习，组间间歇，多组进行的训练方法，称做循环训练法。

循环训练法早期主要在身体训练时采用，通常每组由 6～10 个练习组成，每个练习分别发展身体不同部位肌群的力量耐力。在一组之中，一个接一个地连续完成不同的练习，运动员交替训练不同肌群的力量耐力素质，同时，心血管系统则持续工作。做完一组各个练习之后，方安排一定时间自由休息。由于早期循环练习的编排者将各个工作站围成一个圆圈，所以将其命名为循环训练法。近年来循环训练法的应用范围逐渐扩大，并被应用于技术、战术训练之中。例如，排球运动训练中，可将扣球、拦网技术、防守技术等作为练习站实施循环训练。在篮球运动训练中，可将跑动接球、运球过人、急行跳投、冲抢补篮等作为练习站组织循环训练。

2. 循环训练法的应用

应用循环训练法应注意科学编制练习组合、组内保持连续完成各项练习两个要点。

（1）科学编制练习组合

发展运动素质的循环训练组合通常应包括 6 ~ 10 个练习，分别用于发展上肢、下肢、腰腹、肩背等不同部位肌肉的力量，因此，首先要选择能够有效发展相应肌群力量素质的练习，确定各个练习的负荷强度与负荷量，然后进行编组。为了练习时发展不同部位的力量，练习交替进行，要注意不要将发展同一个肌群的力量练习设置在相邻的两个站上。编制提高技战术能力的循环训练组合时，要注意选择练习的有效性，并需考虑相邻的两个练习之间是否便于连接进行。

（2）组内保持连续完成各项练习

在每组的练习过程中，要注意各个练习之间应保持连续进行，不要有间歇，以便给心血管系统施加更大的负荷。

自学内容

一、比赛训练法

1. 比赛训练法释义

比赛训练法是指在近似、模拟或真实、严格的比赛条件下，按比赛的规则方式进行训练的方法。比赛训练法有两种主要的组织形式：一种是在类似比赛的条件下进行训练，另一种是赋予某些比赛以训练的任务和意义。

比赛是竞技体育的核心活动。一切训练活动都是围绕着能够使运动员获得和提高竞技能力并在比赛中充分地表现出来而组织、运行的。运动员在近似、模拟或真实、严格的比赛条件下训练，有助于培养运动员的实战意识和实战能力，“有助于增强运动员坚韧不拔、顽强拼搏、努力奋斗的进取精神，有助于强化运动员自觉积极、全心投入、刻苦敬业的训练作风，有助于培养运动员遵纪守法、尊重裁判、尊敬对手的思想道德；有助于提高运动员沉着稳定、机智果断、临危不惧的心理素质，有助于形成运动员和衷共济、团结一致、协同作战的集体观念，有助于发挥运动员心身相应、挠勇善战、高度发展的竞技能力”（胡亦梅，2000）。

将某些比赛本身作为训练手段，是比赛训练法的另一种实施形式。运动员参加这些比赛，既是对于此前训练效果的检查和评定，又是对于后续重要比赛的专门准备。近年来，为了更好地发挥竞技体育的社会功能，满足民众的竞技观赏需求，并适应体育经济的发展需要，优秀运动员的竞赛活动数量明显地增加，运动员有了更多的机会通过各种各样的热身赛、对抗赛、军列赛，完成特定的训练任务，以便为成功参加最重要赛事做好准备。

2. 比赛训练法的应用

应用比赛训练法要注意明确应用目的、把握好与比赛规则的吻合度以及确定适宜的训练性比赛频次等问题。

在日常训练活动中采用比赛训练法，要有明确的目的，并作出相应的安排和要求。如果要全面培养运动员综合的参赛能力，则应严格地按照比赛规则、比赛形式、比赛环境和条件组织训练，如果重点培养运动员在某一方面的参赛能力，则应着重在有关方面作出安排并提出要求。不同目的的训练课中，采用比赛训练法时有关规定和要求与正式比赛规则的吻合度亦应有所不同。比赛中运动员所追求与展示的运动强度通常都是最高的，按比赛要求组织的训练课上的负荷强度也是很高或者比较高的。高强度的训练是必要的，但并非越多越好，因此，要适当安排采用比赛训练法的课次。

参加训练性比赛是运用比赛训练法的重要实践。运动员多参加比赛有助于提高参赛能力，有助于积累经验；但过多的比赛则易引发运动员生理上和心理上产生过度疲劳，而且，长时间的备战和参赛，还有可能影响运动员技术细节的改进、新的战术配合的演练以及特定专项素质的发展。因此，安排参加训练性比赛同样要明确目的和把握适宜的频次。

二、变换训练法

1. 变换训练法释义

变换训练法是指通过变化负荷量度、练习内容、练习形式以及训练环境，提高运动员训练的趣味性和积极性，或促进运动疲劳后更快恢复的训练方法。采用变换训练法的目的：一是提高运动训练的趣味性和练习的积极性，二是促进运动员疲劳后更快恢复。

依变换的内容可将变换训练法分为三种，即负荷变换训练方法、内容变换训练方法和形式变换训练方法（表4－1）。

表4－1　变换训练法基本类型及其特点

类型 要素	负荷变换训练	内容变换训练	形式变换训练
负荷强度 动作结构 供能形式	变化最大 相对固定 可在多种供能形式之间变换	可变或不变 变换 以某种代谢形式供能为主	可变或不变 固定或变换 以某种形式代谢供能为主

（引自：胡亦海．竞技运动训练理论和方法．湖北人民出版社．2000 年）

2. 变换训练法的应用

应用变换训练法要注意根据运动员不同的情况，根据训练任务的要求和运动员的即时状态，确定变换的内容。或是变换训练的负荷，或是变换训练的内容，或是变换训练的形式，或是综合性地变换。

训练任务发生变化时，训练的内容、负荷、形式都有可能予以变换。发展不同的竞技能力，应选择各自对应的练习内容。发展体能时，负荷强度、负荷量可加大，形式宜多样，学习掌握新的技术动作时，手段应集中，负荷量宜适度，进行战术配合练习，应针对赛场可能发生的多种场景组织实施，并分别在体力充沛和疲劳状态下进行组练。

运动员大负荷训练之后，或者比赛结束之后，在心理或生理各方面需要进行调整时，则应变换训练形式、变换训练内容、降低训练负荷。此时，宽松的生活节律与新异、优美的训练环境对于帮助运动员从连续比赛或大负荷训练的紧张状态下解脱出来常常可以产生良好的效果。

本节小结

完整训练法是指从技术动作或战术配合的开始到结束，不分部分或环节，完整地进行练习的训练方法，运用完整训练法便于运动员完整地掌握技术动作或战术配合。分解训练法是指将完整的技术动作或战术配合过程合理地分成若干个环节或部分，然后按环节或部分分别进行训练的方法。

重复训练法是指多次重复同一练习，两次（组）练习之间安排相对充分休息的练习方法。间歇训练法是指对多次练习时的间歇时间做出严格规定，使机体处于不完全恢复状态下，反复进行练习的训练方法。持续训练法是指负荷强度较低、负荷时间较长、无间断地连续进行练习的训练方法。

变换训练法是指通过变化负荷量度、练习内容、练习形式以及训练环境，提高运动员训练的趣味性和积极性，或促进运动疲劳后更快恢复的训练方法。

循环训练法是指按照预定的路线和顺序，分站依次连续完成不同练习，组间间歇，多组进行的训练方法。

思考题

1. 运动训练各个基本方法各自的基本概念如何理解？
2. 运动训练各个基本方法的各自基本结构因素、基本功能是什么？
3. 举例说明现代运动训练基本方法在你的专项运动训练中的具体表现和应用。

第五章　运动员体能及其训练

内容提要和学习指导

本章介绍体能训练的内涵与基本要求，阐述体能训练的基本要求，分别阐明力量素质、耐力素质、速度素质、柔韧素质、灵敏素质的释义，深入分析体能训练中力量、耐力、速度、柔韧、灵敏的种类及其训练方法，阐明各素质训练的基本要求。在学习时，应结合运动专项及运动训练实例，理解各素质训练的方法与要求，并以各素质训练的方法作为学习重点，掌握不同素质的种类及其训练方法。

第一节　体能训练概述

面授内容

一、体能训练释义

体能是通过力量、速度、耐力、协调、柔和、灵敏等运动素质表现出来的人体基本的运动能力，是运动员竞技能力的重要构成因素。体能水平的高低与人体的形态学特征以及人体的技能特征有着密切的关系。人体的形态学特征是体能的结构性基础，人体的技能特征是其体能的生物功能性基础。

运动员体能指运动员机体的基本运动能力，是运动员竞技能力的重要组成部分，由其身体形态、身体机能及运动素质的发展状况所决定的。

体能训练的直接任务就是根据各个项目竞赛的需要，提高运动员的运动素质，改善运动员的技能状况，使运动员的身体形态适合特定运动项目的要求，确保运动员的体能状况能够适应比赛中战术活动的进行与技术水准的发挥，同时保障运动员在训练过程中能够掌握新的技战术，并将已经获得的素质在运动竞赛中充分地发挥出来。

体能训练分为一般体能训练和专项体能训练，一般体能训练是基础，一般采用多种多样的非专项的身体练习，改造运动员身体形态、提高身体机能和全面发展运动素质。专项体能训练是根据专项进行的专门性的身体练习，发展和改善与专项运动成绩有关的运动素质。

二、体能训练的基本要求

1. **合理安排一般体能训练和专项体能训练。**一般体能训练，可为专项运动员所需要的身体能力打下基础，一般体能训练不能代替专项体能训练，因此在合理安排一般体能训练的同时还必须合理地安排专项体能训练。

2. **体能训练应与技术、战术、心理和智能训练有机结合。**选择体能训练手段应力求与专项技术动作形式和生物力学特征相近似。

3. 因人、因时、因项调整体能训练在整个训练中所占的比重，以及一般体能训练和专项体能训练的比重。

4. **体能训练的主要内容是运动素质训练。**训练中，应根据各发展的不同阶段，抓住有利时机，充分发展不同的运动素质。

5. 教练在体能训练中应培养运动员吃苦耐劳的意志品质，采用有效的训练方法和手段，培养运动员对训练的兴趣，减少运动员对训练的枯燥感和无味感。

三、体能训练的重要意义

体能训练是运动训练的重要内容。不同项目的运动员，在运动训练过程中都力求运用各种有效的训练手段和方法，改造运动员的身体形态，提高有机体的机能水平，增进健康和发展运动素质。体能训练与技术训练、战术训练、心理训练和智能训练有着密切的联系。

良好的的体能训练是技战术训练和提高运动成绩的基础；良好的体能训练是运动员承受大负荷训练和高强度比赛的基础；良好的体能训练是运动员在训练和比赛中保持稳定、良好的心理状态的基础。良好的体能训练是增进健康，预防伤病，延长运动寿命的物质保障。

自学内容

一、身体形态与体能

1. 身体形态

身体形态是指人体外部与内部的形态特征。反应外部形态特征的指标有：高度（身高、坐高、足弓高等），长度（腿长、臂长、手长、头长等），围度（胸围、臂围、腰围等），宽度（肩宽、髋宽）和充实度（体重、皮质厚度）等。

反应内部形态指标有心脏纵横径、肌肉的形状与横断面等。

2. 身体形态与运动员体能的关系

（1）一定的身体形态在一定程度上反映着相应的生长发育水平、机能水平和竞技能力水平。

（2）不同项目对身体形态具有不同要求。

（3）不同的身体形态在一定程度上影响着运动素质的发展。

体型与某些能力密切相关，比如一个五大三粗的人，肯定比一般人有力量，但是让他参加短跑、长跑却不一定能取胜；一个身材瘦小的人要在铅球、赛艇项目中取胜，也是很难的。

二、身体形态训练方法

1. 身体训练各种方法对身体形态都有意义，可根据需要运用相应的训练方法。
2. 任何一个专项训练手段对使身体形态向专项需要方向发展都有显著作用，几乎所有运动项目运动员的身体形态基本上都是通过专项训练方法手段实现的。
3. 手持轻器械训练法。手持哑铃、木棒、实心球等轻器械进行训练的方法。这种方法有不同的训练内容与运动方式，可训练身体任何一个部位，能有效地影响运动员身体形态。
4. 舞蹈训练法。舞蹈动作时经过提炼、组织加工的人体动作，其基本要素有动作的姿态、协调能力、明显的节奏等，对身体姿势的形成有特殊意义。

三、身体形态训练的基本要求

1. 根据不同生长发育阶段的形态特征安排身体形态训练

人体在不同年龄阶段的生长发育有不同的特点，一般是先长高度，后长长度、围度和充实度。

2. 根据不同专项的特点安排身体形态训练

各个专项竞技能力的主导因素不同，而这些能力都对特定的身体形态具有一定的依赖性，因而必须根据不同的专项特点安排相应的练习方法与手段。

3. 身体形态训练注意遗传因素的影响

在身体形态的各项指标中，有的指标遗传度很高（如高度、长度等）；有些指标遗传度较小（如体重等）。因此，在选材时，应根据运动项目竞技特点的需求，选择相应体型的运动员。

4. 采用多种方法手段改善身体形态

影响身体形态的因素很多，比如饮食、气候等。因此，身体形态的训练不只要从训练的角度进行，还应注意其他方法与手段的运用，尤其注意饮食和营养的控制。

本节小结

体能是通过力量、速度、耐力、协调、柔韧、灵敏等运动素质表现出来的人体基本的运动能力，是运动员竞技能力的重要构成因素。运动员体能指运动员机体的基本运动能力，是运动员竞技能力的重要组成部分，由其身体形态、身体机能及运动素质的发展状况所决定的。

体能训练分为一般体能训练和专项体能训练，一般体能训练是基础，一般采用多种多样的非专项的身体练习，改造运动员身体形态、提高身体机能和全面发展运动素质。专项体能训练是根据专项进行的专门性的身体练习，发展和改善与专项运动成绩有关的运动素质。

良好的体能训练是技、战术训练和提高运动成绩的基础；良好的体能训练是运动员承受大负荷训练和高强度比赛的基础；良好的体能训练是运动员在训练和比赛中保持稳定、良好的心理状态的基础。良好的体能训练是增进健康，预防伤病，延长运动寿命的物质保障。

思考题

1. 什么是体能？什么是体能训练？
2. 体能训练的基本要求？
3. 体能训练的意义？
4. 身体形态与体能有什么关系？
5. 身体形态训练的基本要求？

第二节　力量素质训练

面授内容

一、力量素质及其种类

1. 力量素质释义

力量素质是指人体身体肌肉系统在工作时克服或对抗阻力的能力。依力量素质与运动专项的关系，可分为一般力量与专项力量；依力量素质与运动员体重的关系，可分为绝对力量和相对力量；依完成不同体育活动所需力量素质的不同特点，可分为最大力量、快速力量和力量耐力；根据力量在运动中的功能，可分为稳定性力量和爆发性力量。

2. 力量素质的分类

（1）最大力量

最大力量是指人体或人体某一部分肌肉工作时克服最大内外阻力的能力。亦是指参与工作的肌肉群或一块肌肉在克服最大内外阻力时，所能动员出的全部肌纤维中最多数量的肌纤维发挥的最大能力。

最大力量是个变量，它取决肌肉收缩的内部协调能力、骨杠杆的机械效率和关节角度的变化。通过合理训练，一方面使参与工作的那些肌纤维内部结构、机能发生变化。一方面又可动员较多的肌纤维参与工作，从而使最大力量有所增长。

最大力量受遗传、年龄、性别、训练水平等因素的影响，因此，同一个人由于各部分的肌肉功能不同，所表现出来的最大力量也不同。不同的人同一块肌肉的最大力量也不相同。最大力量的变现一般是指在做各种姿势时，如站立、坐、卧、仰、蹲等，身体或身体某一部分所克服的最大阻力。

（2）速度力量

速度力量也叫快速力量，是指人体在运动时以最短的时间发挥出肌肉力量的能力，也可指运动员在特定的负荷条件下所表现出来的最大动作速度。

速度力量取决人体肌肉的收缩速度和最大力量水平。增长速度力量时，既有速度要求，又有最大力量的要求，需要有速度和力量两个因素相结合完成。例如，跳高运动员和跳远运动员起跳时的踏跳动作。各运动项目对速度力量的要求不同，速度力量包括起动力、爆发力、反应力。

(3) 力量耐力

力量耐力是指人在克服一定外部阻力时，能坚持尽量长的时间或重复尽可能多的次数的能力。也就是无论运动员在静力或动力性工作中，能长时间保持肌肉紧张用力而不会降低工作效果的能力。

力量耐力好坏取决于神经过程的强度、灵活性和延续性，以及肌肉供能过程的顺畅性。根据不同运动项目中力量耐力的表现形式不同，可分为动力性力量耐力和静力性力量耐力。动力性力量耐力又分为最大力量耐力（重复发挥最大力量的能力）和快速力量耐力（重复快速发挥力量的能力）两种，如田径、球类、游泳、体操等项目所需要的力量耐力。静力性力量耐力则主要表现为射击、射箭、速度滑冰、摔跤和支撑性运动项目中。

运动员的力量耐力水平取决于多种因素，其中最主要的是保证工作肌耗氧和供氧的血液循环和呼吸系统的机能能力、无氧代谢的技能能力和工作肌群协同有效地工作能力，以及运动员克服自身疲劳的意志品质。

二、力量素质训练的方法与手段

1. 最大力量训练的方法与手段

(1) 增大肌肉生理横断面的最大力量训练

增大肌肉生理横断面的最大力量训练方法是力量训练的基本方法，主要是通过中小强度（40% ~60%）和多重复（8 ~10 次）或 40% ~70% 的负荷强度完成 3 ~5 次，5 ~6 组的训练，不同对象的训练负荷特征见（表 5 －1）。

表 5 －1　不同对象的训练负荷特征

负荷内容	初学者	运动员
负荷强度/%	40 ~ 50	60 ~ 85
练习次数	8 ~ 12	5 ~ 10
练习组数	4 ~ 6	6 ~ 10
间歇时间/分钟	3 ~ 5	2 ~ 4

（引自：曹青军．运动训练理论与实践．北京理工大学出版社．2010 年）

(2) 改善肌肉协调能力的最大力量训练

在一次性肌肉收缩，甚至最大用力的情况下，一般只有 50% ~60% 的肌纤维参加工作。所以，改善肌肉内协调能力训练时提高肌肉力量的主要途径和方法。

通过大强度刺激（最高强度的 85% ~95%，重复 1 ~5 次），提高传入肌肉的神经冲动的强度和频率，动员更多的运动单位同步活动参与工作，挖掘储备力量的练习。见（表5－2），该练习是高水平运动员力量训练的主要方法，初学者不提倡采用这种练习方式。

表5－2　负重训练负荷特征

负荷内容	运动员
负荷强度/%	80～95
练习次数	1～6
练习组数	6～10
间歇时间/分钟	3～5

（引自：曹青军．运动训练理论与实践．北京理工大学出版社．2010年）

2. 速度力量训练的方法与手段

（1）*发展起动力的训练方法*

起动力是指运动员在最短时间内（肌肉收缩开始后50毫秒），最快地发挥肌肉力量的能力。常见的训练方法如下：

①利用地形、地物的各种短跑、起跑练习。

②负重起跑加速、计时短跑、负轻杠铃或其他轻器械跑等。

③利用同伴的各种阻力（助力）的加速跑、牵引跑、听信号变向跑等。

（2）*发展爆发力的训练方法*

爆发力是指运动员在最短时间内肌肉收缩时能输出的最大功率，它是速度力量最典型的表现形式，与运动员的力量和速度有关，是力量和速度的综合表现。爆发力训练的负荷特征见（表5－3）。

表5－3　爆发式快速力量训练的负荷特征

负荷强度/%	70～90（大）	30～50（小）
组数	3～6	3～6
每组次数	5～8	5～15
动作速度	均为爆发式	
间歇/分钟	3	1～3

（引自：曹青军．运动训练理论与实践．北京理工大学出版社．2010年）

爆发力发展方法：每组练习课进行5～8次；练习的组数、次数应以不产生动作迟缓为原则，组间休息应时间长些。

3. 力量耐力的训练方法和手段

(1) 持续间歇训练法

持续间歇训练法的特点是负荷重量较小，每次应竭尽全力去达到极限，使肌肉长时间持续收缩工作到最大限度。力量耐力的增长主要表现在重复次数的增加上，每次练习要力争增加重复次数，当重复次数超过该项目特点的需要时，就应增加负荷重量。具体方法运用见（表5-4）。

表5-4 持续间歇训练的负荷特征

方法	负荷强度/%	组数	每组重复次数	间歇时间/S	要求
第一种	40~60	3~5	10~20	30~90	很快
第二种	25~40	4~6	30以上	30~60	快

（引自：曹青军. 运动训练理论与实践. 北京理工大学出版社. 2010年）

(2) 循环训练法

循环练习法是指根据训练的具体任务，建立若干练习站或点，运动员按照规定的顺序、路线、时间依次完成各站规定的练习内容和次数，周而复始地进行练习的方法。循环练习的内容组织需根据练习者的设想、训练目的而定，并且应该遵循“渐进负荷”或者“递增负荷”的原则安排训练。循环练习的方式见（表5-5）。

表5-5 循环训练法的负荷特征

方法	负荷强度/%	组数	每组重复次数	要求
第一种	50~80	2~3	10~30	很快
第二种	30~50	2~3	最高重复次数	速度适中或较慢

（引自：曹青军. 运动训练理论与实践. 北京理工大学出版社. 2010年）

第一种方法主要用于短距离高速度项目（短跑、短距离游泳、短道速滑）、摔跤、拳击及其他球类项目的肌肉耐力的训练。

第二种方法主要用于发展周期性运动项目的肌肉耐力，如长跑、长距离游泳、越野滑雪、赛艇等。

自学内容

一、力量训练的基本要求

1. 注意不同肌群力量的对应发展

根据专项竞技的需要，发展运动员大肌肉群和主要肌肉群力量的同时，也重视小肌肉群、深部肌肉群的力量训练。

2. 选择有效的训练手段

应根据完成训练任务的需要，正确选择有效的训练手段，规范并明确正确的动作要求。

3. 处理好负荷与恢复的关系

在一个训练阶段中，负荷量大小、间歇时间等都应根据不同的运动员安排相应的训练，在力量训练之后，注意肌肉的放松练习，以利于减少能力消耗，并更好地保持肌肉弹性。

4. 注意激发练习的兴趣

肌纤维参与工作的数量越多，表现出的力量也就越大。在训练时，有意识地提高运动员练习的兴趣与积极性，以求提高力量训练的效果。

二、儿童少年力量训练应注意的事项

1. 掌握儿童少年力量发育的趋势，以便科学地安排力量训练。8 岁以后，男女力量才开始显露差别，男孩绝对力量自然增长的敏感期为 11 ~ 13 岁，而后，绝对力量增长速度缓慢，到 25 岁左右为最大，。女孩 10 ~ 13 岁，绝对力量增长速度很快，三年中的绝对力量可提高 46%，13 ~ 15 岁绝对力量增长速度下降，15 ~ 16 岁回升，16 岁以后再度下降，到 20 岁左右基本上可以达到能够达到的最大力量。

力量耐力的自然发展趋势较为稳定，7 ~ 13 岁时速度力量发展的敏感期，13 岁以后男孩增长得比女孩快。男孩 7 ~ 17 岁之间基本处于直线上升趋势；女孩 13 岁以后增长速度缓慢，14 ~ 15 岁甚至出现下降。

2. 儿童少年骨骼系统中软组织多，骨组织内的水分和有机物较多，无机盐少，骨骼弹性好，不易折断；但坚固性差，易弯曲，因此儿童少年不可进行大强度训练。在这个时期应多做发展性力量耐力的训练。通过小负荷，特别是克服自身体重的练习，发展全身肌肉，避免只发展部分肌肉。

3. 儿童少年力量训练应以动力练习为主，少用或不用静力性练习，特别要尽量避免出现憋气动作，以免因胸内压的突然变化而影响心脏的正常发育。

4. 儿童力量训练，不要过早强调与专项运动技术相结合，应着重身体全面发展的力量训练。

本节小结

力量素质是指人体身体肌肉系统在工作时克服或对抗阻力的能力。依力量素质与运动专项的关系，可分为一般力量与专项力量；依力量素质与运动员体重的关系，可分为绝对力量和相对力量；依完成不同体育活动所需力量素质的不同特点，可分为最大力量、快速力量和力量耐力；根据力量在运动中的功能，可分为稳定性力量和爆发性力量。

最大力量是指人体或人体某一部分肌肉工作时克服最大内外阻力的能力。亦是指参与工作的肌肉群或一块肌肉在克服最大内外阻力时，所能动员出的全部肌纤维中最多数量的肌纤维发挥的最大能力。

速度力量也叫快速力量，是指人体在运动时以最短的时间发挥出肌肉力量的能力，也可指运动员在特定的负荷条件下所表现出来的最大动作速度。

力量耐力是指人在克服一定外部阻力时，能坚持尽量长的时间或重复尽可能多的次数的能力。也就是无论运动员在静力或动力性工作中，能长时间保持肌肉紧张用力而不会降低工作效果的能力。

最大力量训练的方法与手段：(1) 增大肌肉生理横断面的最大力量训练；(2) 改善肌肉协调能力的最大力量训练。速度力量训练的方法与手段：(1) 发展起动力的训练方法；(2) 发展爆发力的训练方法。力量耐力的训练方法和手段：(1) 持续间歇训练法；(2) 循环训练法。

思考题

1. 什么是力量素质？
2. 简述力量素质的分类。
3. 提高最大力量的方法和手段有哪些？
4. 少年儿童力量训练有哪些注意事项？

第三节　耐力素质训练

面授内容

一、耐力素质及其种类

1. 耐力素质的定义

耐力素质是指机体在一定时间内保持特定强度负荷或动作质量的能力。保持特定运动强度或动作质量是耐力水平的体现。耐力水平的提高表现为更长时间保持特定强度或动作质量，或在一定时间内承受更高强度的能力。

2. 耐力素质的分类

按人体的生理系统分类，耐力素质可分为肌肉耐力和心血管耐力。肌肉耐力也称为力量耐力，心血管耐力又分为有氧耐力和无氧耐力。

有氧耐力是指机体在氧气供应比较充足的情况下，能坚持长时间工作的能力。其目的在于提高运动员机体吸收、输送和利用氧的能力，促进有机体的新陈代谢。

无氧耐力也叫速度耐力，它是指机体以无氧代谢为主要供能形式，坚持较长时间工作的能力。包括磷酸原供能无氧耐力和糖酵解供能无氧耐力。

依耐力素质对专项的影响，耐力素质可分为一般耐力和专项耐力。一般耐力是指对提高专项运动成绩起间接作用的基础性耐力；专项耐力是指与提高专项运动成绩有直接关系的耐力，具体地讲是指持续完成专项动作或接近比赛动作的耐力。

二、各种耐力素质训练的常用方法和手段

1. 一般耐力训练的常用方法和手段

（1）各种形式的长时间跑。
（2）长时间进行的其他周期性运动，如速度滑冰、自行车等。
（3）长时间重复做某一非周期性运动，如排球运动中多次做滚动练习。

（4）反复做克服自身体重的练习，坚持较长时间的抗小阻力的练习。
（5）循环练习等。

2. 专项耐力训练常用的方法和手段

（1）体能主导类快速力量性项群的专项耐力训练

体能主导类快速力量性项群运动员的专项能力，主要表现为以最大强度重复完成完整比赛动作的能力。

（2）体能主导类周期竞速性项群的专项耐力训练

体能主导类周期竞速项目有氧耐力性和速度性两个项群。耐力性项目运动员专项耐力的要求是用尽可能高的平均速度通过全程。

（3）技能主导类表现性项群的专项耐力训练

技能主导表现性项群运动员的专项耐力，表现为以最佳技术重复完成完整比赛动作的能力。

（4）技能主导类对抗性项群的专项耐力训练

技能主导类对抗性项目比赛时间较长，要求运动员能在整个比赛过程中持续表现出最佳机能和体能，因此，训练中要注意安排长时间的专项对抗练习或专项练习。

自学内容

一、耐力训练的基本要求

1. 注意培养运动员控制与调节呼吸的能力

运动员在耐力性工作中需要技术补充大量氧气，机体通过提高呼吸频率和加深呼吸深度来吸取坚持长时间工作必须的氧气。对各个运动项目的运动员都应加强呼吸节奏与动作节奏协调一致的训练，呼吸节奏紊乱，就会使动作节奏遭到破坏，影响持续工作的能力。

2. 注意运动员意志品质的培养

运动员的意志品质在耐力性竞技项目比赛中起着重要作用，因此，在耐力素质训练中必须注意对运动员意志品质的培养。要培养运动员具有克服机体的疲劳感、坚持高负荷训练的顽强意志。

3. 正确处理有氧耐力与无氧耐力之间的关系

应在发展运动员有氧耐力的基础上进行无氧耐力训练，或者在发展运动员无氧耐力训练的同时进行有氧耐力训练。因为有氧耐力训练可使运动员的输送氧气的能力、利用氧能力、心脏功能得到加强，从而为无氧耐力训练奠定基础。

二、儿童少年耐力训练的注意事项

1. 密切结合儿童少年耐力自然发展的趋势安排训练

儿童少年耐力素质是随着年龄的增长而逐渐提高的，一般女孩 9 岁时，耐力提高的速度较快；12 岁时，耐力再次提高；当她们进入性成熟后第二年（14 岁起）耐力水平将逐年下降；到 15 ~ 16 岁时，耐力水平下降最多。

男孩在 10 岁、13 岁和 16 岁时，耐力素质有大幅度的提高。

2. 儿童少年耐力训练应以有氧耐力训练为主

儿童少年血红蛋白、肌红蛋白含量较成年人少，无氧代谢能量储备不足，酸中毒现象要靠心血管系统补偿来消除，无氧代谢能力的发展受到限制。过早地进行无氧耐力训练，会严重地影响到他们的循环系统未来的功能水平。

3. 采用多种内容和手段发展儿童少年耐力

儿童少年进行耐力训练的内容手段应该是多种多样的。除长跑的练习外，可以选择活动性游戏、球类游戏等。

4. 持续训练法是儿童少年耐力训练的基本方法

儿童少年进行耐力训练的基本方法为持续训练法，也可用变速跑等方法。练习总时间为 20 分钟左右，练习与休息时间的比例可按 1∶1 安排，随着年龄的增长，到 15 岁后可使用较大强度的间歇训练法，强度可达到 50% 以上。

本节小结

耐力素质是指机体在一定时间内保持特定强度负荷或动作质量的能力。保持特定运动强度或动作质量是耐力水平的体现。

按人体的生理系统分类，耐力素质可分为肌肉耐力和心血管耐力。肌肉耐力也称为力量耐力，心血管耐力又分为有氧耐力和无氧耐力。

依耐力素质对专项的影响，耐力素质可分为一般耐力和专项耐力。一般耐力是指对提高专项运动成绩起间接作用的基础性耐力；专项耐力是指与提高专项运动成绩有直接关系的耐力，具体地讲是指持续完成专项动作或接近比赛动作的耐力。

耐力训练的基本要求：（1）注意培养运动员控制与调节呼吸的能力；（2）注意运动

员意志品质的培养；（3）正确处理有氧耐力与无氧耐力之间的关系。

儿童少年耐力训练的注意事项：（1）密切结合儿童少年耐力自然发展的趋势安排训练；（2）儿童少年耐力训练应以有氧耐力训练为主；（3）采用多种内容和手段发展儿童少年耐力；（4）持续训练法是儿童少年耐力训练的基本方法。

思考题

1. 什么是耐力素质？
2. 简述耐力素质的分类。
3. 耐力训练的方法和手段有哪些？
4. 儿童少年耐力训练应注意的问题有哪些？

第四节　速度素质训练

面授内容

一、速度素质及其种类

1. 速度素质的释义

速度素质是指人体快速运动的能力，包括人体快速完成动作的能力和对外界信号刺激快速反应的能力，以及快速位移的能力。

2. 速度素质的分类

速度素质包括：反应速度、动作速度、移动速度。

反应速度是指人体对各种信号刺激（光、声等）快速应答的能力。由于运动员对不同类型信号反应时的长短不同，训练中往往根据不同项目的特点测定运动员对特定信号的反应时。

动作速度是指人体或人体某一部分快速完成动作的能力。动作速度是技术动作不可缺少的要素，表现为人体完成某一技术动作时的挥摆速度、击打速度、蹬伸速度、踢踹速度等。

移动速度是指人体在特定方向上位移的速度。以单位时间内机体移动的距离为评定指标。

二、速度素质的训练

1. 反应速度的主要训练方法

(1) 运动感觉法

通过提高运动员本体感受及对时间空间的感知能力，来提高反应能力的方法。

(2) 信号刺激法

利用突然发出的信号提高运动员对信号的反应能力。

(3) 移动目标练习

即对移动目标的变化做出反应的练习方法。

(4) 选择性信号反应练习

即运动员通过对几种复合信号作出选择性判断，只对其中一种信号做出应答反应来提高反应速度的练习。

2. 动作速度的主要训练方法

(1) 助力或减阻练习法

即训练中给运动员以助力，帮助其快速完成动作的训练方法。

(2) 预先加难练习法

即加大难度、加大阻力进行练习后，突然将阻力，或将难度恢复到正常水平，利用前面练习对神经系统及运动系统较高要求，而形成后续作用，来有效提高动作速度。

(3) 变换训练法

即缩小完成练习空间时间界限（如球类小场地快速完成练习）的练习法。

(4) 速度控制训练法

即通过主动地对动作速度的有效控制练习来提高运动员动作速度的感知能力，进而提高运动员的动作速度。

(5) 信号刺激法

即借助信号刺激提高动作速度的方法，如利用同步声音的伴奏，使运动员伴随着声音信号的快节奏而做出协调一致的快速动作。

3. 移动速度的主要训练方法

(1) 起动能力训练

起动 U 型能力包括起跑练习、负重短距离加速练习和短跑辅助技术练习。

(2) 助力速度训练（也称超最大速度训练法）

助力速度法是指利用器材或场地突破已有的速度极限的练习方法。

（3）阻力速度练习

通过加大跑动的阻力提高肢体力量的速度训练方法。

（4）速度耐力的训练

速度耐力训练的目的是提高适合不同项目的竞技需要的耐力。高水平速度耐力为运动员提供在每一次短距离冲刺时保持充沛的动力。

自学内容

一、速度素质训练应注意的问题

1. 反应速度训练应注意的问题

（1）反应速度能力遗传度高，发展空间较小；反应速度由神经反射通路的传导速度所决定，很大程度上取决于遗传因素。

（2）要求运动员注意力集中；训练中运动员注意力集中，可使伸肌系统处于适宜的兴奋状态，使肌肉处于紧张待发状态。

（3）改变刺激因素的强弱和信号发出的时间；反应速度的提高在很大程度上取决于运动员对信号反应的动作熟练程度上。

（4）儿童反应速度的生理特征。一般反应速度 2～3 岁为 0.50～0.90 秒；5～7 岁为 0.30～0.40 秒；12～14 岁为 0.15～0.20 秒。

2. 动作速度训练应注意的问题

（1）重视建立合理的技术动作；提高动作速度应与掌握和保持合理的技术动作紧密地结合在一起。合理的运用技术必须符合项目运动规律的要求，有利于运动员的生理、心理能力的充分发挥，有助于运动员取得良好的竞技成绩。

（2）动作速度训练与专项动作相一致；不同运动项目对动作速度的要求不同，运动员通过专门性练习所获得的动作速度能力对提高运动成绩具有直接促进作用。

（3）反复做某一个规范动作训练时，应合理变换练习速度，将最高速度与变换速度的练习结合起来，避免动作速度稳定在同一水平上，力争让运动员超过平时的最高速度。

（4）动作速度训练中，注意控制好各训练要素。动作速度训练强度较大，要求运动员的兴奋性要高，持续时间一般不应超过 20 秒钟。

（5）练习前充分做好准备活动；动作速度训练强度和训练的质量要求较高。充分的准备活动可以使运动员保持一定的神经兴奋性，提高完成动作的质量，避免出现运动损伤。

（6）依儿童特点进行动作速度训练；儿童动作速度训练主要集中在技术的合理性及肌

肉的合理用力顺序上。另外，注意运动器官联结装置附近的肌肉力量的发展。

3. 移动速度训练应注意的问题

（1）训练应结合运动员所从事的专项运动进行。对不同信号的反应之中，触觉反应最快、听觉反应次之、视觉反应较慢。

（2）训练应在运动员兴奋性高、情绪饱满情况下进行，一般安排在训练课的前半部分。

（3）注意放松能力的培养。放松能力对运动员在比赛过程中保持快速移动能力具有重要作用。

（4）少年儿童速度训练的注意事项。7～12 岁男女孩跑的最高速度的差别不大，到 13 岁后，男孩子逐渐超过女孩。男子在 18 岁以后跑的速度也有提高的趋势，而女子 17 岁时跑速自然提高减慢。女孩 14～16 岁时由于青春期关系，速度表现有时低于 14 岁以前的速度。

二、速度素质训练的基本要求

1. 速度素质训练应结合运动员所从事的专项运动进行，如对短跑运动员的反应速度训练，应着重提高他们听觉的反应能力，对足球运动员则应该着重提高视觉反应能力。

2. 速度素质训练应在运动员兴奋性高、情绪饱满、运动欲望强烈的情况下进行，一般应安排在训练课的前半部。

3. 速度提高到一定程度时，常会出现进展停滞、难以提高的现象，称为“速度障碍”。产生速度障碍的主观原因是：过早地片面发展绝对速度；基础训练不够；技术动作不合理；训练手段单调、片面，引不起新异刺激；负荷过度、恢复不好等等。

出现速度障碍时，可采用牵引跑、变速跑、下坡跑、带领跑等手段予以克服。

本节小结

速度素质是指人体快速运动的能力。包括人体快速完成动作的能力和对外界信号刺激快速反应的能力，以及快速位移的能力。速度素质包括：反应速度、动作速度、移动速度。

反应速度的主要训练方法：（1）运动感觉法；（2）信号刺激法；（3）移动目标练习；（4）选择性信号反应练习。

动作速度的主要训练方法：（1）助力或减阻练习法；（2）预先加难练习法；（3）变换训练法；（4）速度控制训练法；（5）信号刺激法。

移动速度的主要训练方法：（1）起动能力训练；（2）助力速度训练；（3）阻力速度练习；（4）速度耐力的训练。

思考题

1. 什么是速度素质？
2. 简述速度素质的分类。
3. 简述速度素质训练的主要方法。
4. 速度素质训练中应注意哪些问题？
5. 速度素质的基本要求是什么？

第五节　柔韧素质训练

面授内容

一、柔韧素质

1. 柔韧素质的释义

柔韧素质是指人体关节在不同方向上的运动能力以及肌肉、韧带等软组织的伸展能力，分为一般柔韧素质和专门柔韧素质。

一般柔韧素质是指机体中最主要的那些关节活动的幅度，如肩、髋等关节活动的幅度，这对任何运动项目都是必要的。

专门柔韧素质是指专项运动所需要的特殊柔韧性，专门的柔韧素质是掌握专项运动技术必不可少的重要条件。

2. 柔韧素质的训练

（1）静力性拉伸练习

在一定的时间里，缓慢地将肌肉、肌腱、韧带拉伸到一定活动范围的伸展活动。其主要特征是动作缓慢并停留一定时间，是目前较为理想的伸展练习方法。

在做伸展运动时要顺应身体状况。做伸展运动时，会有肌肉的被牵拉感，但不是疼痛感或不适感。如果感到疼痛，立刻停止练习。

（2）动力性拉伸练习

动力性拉伸练习是指有节奏的、速度较快的、幅度逐渐加大的多次重复一个动作的拉

伸。比静力性伸展运动强度要大，能够刺激某些特殊关节神经系统的活动，有助于保持运动员关节运动的幅度，但不能改善肌纤维长度。

（3）被动拉伸练习

在被动性伸展练习中，练习的最后部分必须借助外力完成。其好处是强调运动员在练习中要尽量放松对抗的肌肉群，即拉长的肌肉群。

被动拉伸的练习要点：练习者应该动作缓慢，自己有所控制；被动伸展运动给予肌肉微微拉紧的感觉，并非疼痛感；运动员自己应感到所做的伸展运动恰到好处，并非多多益善；运动员和施训者应及时交流，保证伸展运动的安全。

（4）PNF 拉伸运动

PNF 拉伸又称做本体感受神经肌肉促进法，主要通过增加肌肉的张力和活动来放松肌肉，由于这种方法的练习能有效改善特定肌肉的功能和提高关节的柔韧性，所以在训练中，经常作为增加肌肉柔韧性的主要手段。

二、柔韧素质训练注意的问题

1. 发展柔韧素质应与力量素质相结合。这不仅仅可以避免或消除两者之间的不良转移，而且有助于两种素质的协调发展。

2. 注意柔韧性与温度和时间的关系。外界温度过高或过低，都会影响肌肉的状态，影响到肌肉的伸展能力。

3. 柔韧素质的发展应以满足专项技术的需要为标准，不应脱离专项需要追求柔韧性的发展。

4. 柔韧性训练要经常保持。在全年训练任何一个时期，都应安排发展或保持柔韧性的练习。

5. 充分做好准备活动。在开始练习前，进行短时间的放松慢跑，增加伸展肌肉群的血流量。

6. 拉伸顺序。首先拉伸大的肌肉群可以使相对较小的肌肉群的灵活性发挥出更大的潜能。

7. 练习顺序。在训练中，安排全面的柔韧性练习，最好在大负荷身体训练结束后进行。

8. 进行拉伸练习时，不要屏气，以避免因此造成身体的紧张。

自学内容

一、柔韧素质的作用

1. 有利于力量和速度的发挥

踝、髋、肩等关节柔韧性的改善，有利于加大身体各部位活动幅度，为力量和速度素质提高提供帮助。如果肌肉力量的提高与肌肉柔韧性发展之间失去平衡，关节的运动幅度就会受到影响。

2. 有利于技术动作的掌握

柔韧性的提高可以改善关节的灵活性，增加动作的协调优美感。如竞技体操、艺术体操、跳水等项目中的许多动作对运动员的肩、腰、胯、腿的柔韧性有着很高的要求，身体柔韧性的提高有助于完成复杂的动作技巧。

3. 防止、减少伤害事故的发生，延长运动寿命

四肢伸展和柔韧性练习可使关节周围肌肉群伸展，满足训练、比赛的要求。有计划地加强力量和柔韧性练习还可以保护关节，防止伤病的发生。

二、影响柔韧素质的因素

1. 关节结构

关节结构决定其活动范围。球窝关节（如髋、肩关节）在所有关节中活动范围最大，可以在任何解剖平面活动；手腕关节是椭圆关节，其活动范围比髋、肩关节都小；膝关节属于滑车关节，其活动范围最小。

2. 结缔组织

肌腱、韧带、筋膜、关节囊以及皮肤都可能限制关节活动范围。结缔组织的弹性和牵张性也影响关节活动范围。

3. 肌肉体积

肌肉体积增加可能会限制关节活动，从而影响关节的活动范围。具有巨大肱二头肌和肱三头肌的举重运动员，可能在高翻支撑时或前蹲持杠铃时出现三头肌不能充分拉伸的现

象。应注意的是，肌肉体积增大带来的好处往往大过它对关节活动范围限制造成的不利。

4. 年龄和性别

一般来说，年轻者较年长者的柔韧性好，女子较男子的柔韧性好。年轻男、女之间的差异，部分是由于解剖结构的不同以及所从事的活动不同造成的。

本节小结

柔韧素质是指人体关节在不同方向上的运动能力以及肌肉、韧带等软组织的伸展能力，分为一般柔韧素质和专门柔韧素质。一般柔韧素质是指机体中最主要的那些关节活动的幅度，如肩、髋等关节活动的幅度，这对任何运动项目都是必要的。专门柔韧素质是指专项运动所需要的特殊柔韧性，专门的柔韧素质是掌握专项运动技术必不可少的重要条件。

柔韧素质的训练：（1）静力性拉伸练习；（2）动力性拉伸练习；（3）被动拉伸练习；（4）PNF 拉伸运动。

柔韧素质的作用：（1）有利于力量和速度的发挥；（2）有利于技术动作的掌握；（3）防止、减少伤害事故的发生，延长运动寿命。

影响柔韧素质的因素：（1）关节结构；（2）结缔组织；（3）肌肉体积；（4）年龄和性别。

思考题

1. 什么是柔韧素质？
2. 简述柔韧素质的训练。
3. 柔韧素质训练中应注意哪些问题？
4. 柔韧素质有哪些作用？
5. 影响柔韧素质的因素有哪些？

第六节　灵敏素质训练

面授内容

一、灵敏素质及其种类

1. 灵敏素质的定义

灵敏素质是指在各种突然变换的条件下，运动员能够迅速、准确、协调地改变身体运动的空间位置和运动方向，以适应变化着的外环境的能力。

灵敏素质是一种综合素质，是速度、柔韧、力量等素质的综合反映，对协调、灵活、准确和应变能力有很高要求的运动项目来说，灵敏性显得尤其重要。

2. 灵敏素质的分类

灵敏素质可分为一般性灵敏素质和专门性灵敏素质两类。一般灵敏素质是指在完成各种复杂动作时表现出来的适应变化着的外环境的能力。专门性灵敏素质是指根据各专项所需要的，与专项技术有密切关系的，以及适应变化着的外环境的特有的能力。

二、灵敏素质训练

1. 程序性灵敏素质的训练

对于比较相似的竞技行为，运动员可以在一定程度上预先做好准备。这首先要求对比赛中经常可能出现的环境、对手的行为特征有所了解，进而制定相应的对策预案，并在训练过程中模拟实施，有针对性地进行训练，做好程序化准备。

2. 随机性灵敏素质的训练

灵敏训练富有挑战性、趣味性和刺激性，训练方法千变万化，不要使练习变得枯燥乏味。

随机性灵敏素质对应于完全无序的竞技行为，因此，更加难以培养和提高。由于突发竞技行为的难以预见，要培养运动员对于无法预知的竞技环境和运动形式作出随机反应的应变能力，为此，教练员需要创造性地进行训练组织。例如，可以通过闪躲练习加以训练（如闪躲下落的网球）和进行更为专门性练习（如跳起落地后听从并完成教练随机提出的未知运动形式）等。

三、灵敏训练的主要手段

1. 让运动员在跑、跳当中迅速、准确、协调地做出各种动作，如快速改变方向的各种跑、闪躲练习等。
2. 各种调整身体方位的练习，如利用体操器械做各种较复杂的动作等。
3. 专门设计的各种复杂多变的练习，如立卧撑、十字变向跑等。
4. 各种改变方向的追逐性游戏和对各种信号作出复杂应答的游戏等。

自学内容

一、灵敏训练的基本要求

1. 灵敏素质要从儿童少年开始训练

灵敏素质的生理学基础是在中枢神经系统指挥下，将身体各种能力，包括力量、速度、协调等综合表现出来。神经系统是人体发育最早和最快的系统，儿童具有较优越发展神经系统的条件。

2. 灵敏训练的安排

灵敏素质训练一般安排在训练课的前半部分运动员体力充沛、精神饱满时进行。

在进行灵敏素质训练时，教练员应采用各种手段，消除运动员的恐惧心理或紧张状态，以保证训练取得良好的效果。

二、发展灵敏素质注意事项

1. 抓住发展灵敏素质的最佳时期

儿童少年神经系统是人体发育最早、最快的系统，他们具有较快的反应能力，在动作速度、平衡能力、节奏感等方面都具有很大的发展潜力，这些都为发展灵敏素质提供了有利的条件，因此应抓住这一时期进行灵敏素质练习。

2. 消除练习者的紧张心理状态

在进行灵敏素质练习时，教练应采用各种有效的方法与手段，消除运动员紧张的心理状态和恐惧心理。因为在心理紧张时，运动器官也必然紧张，会导致反应迟钝，动作的协调性下降，影响练习的效果。

本节小结

灵敏素质是指在各种突然变换的条件下，运动员能够迅速、准确、协调地改变身体运动的空间位置和运动方向，以适应变化着的外环境的能力。灵敏素质是一种综合素质，是速度、柔韧、力量等素质的综合反映，对协调、灵活、准确和应变能力有很高要求的运动项目来说，灵敏性显得尤其重要。

灵敏素质训练：(1) 程序性灵敏素质的训练；(2) 随机性灵敏素质的训练。

灵敏训练的主要手段：(1) 让运动员在跑、跳当中迅速、准确、协调地做出各种动作，如快速改变方向的各种跑、闪躲练习等；(2) 各种调整身体方位的练习，如利用体操器械做各种较复杂的动作等；(3) 专门设计的各种复杂多变的练习，如立卧撑、十字变向跑等；(4) 各种改变方向的追逐性游戏和对各种信号作出复杂应答的游戏等。

灵敏训练的基本要求：(1) 灵敏素质要从儿童少年开始训练；(2) 灵敏训练的安排。

发展灵敏素质注意事项：(1) 抓住发展灵敏素质的最佳时期；(2) 消除练习者的紧张心理状态。

思考题

1. 什么是灵敏素质？
2. 简述灵敏素质的训练。
3. 灵敏素质训练有哪些手段？
4. 灵敏素质训练的基本要求有哪些？
5. 灵敏素质训练有哪些注意事项？

第六章　运动员技术能力及其训练

内容提要和学习指导

本章主要阐述运动员技术能力，技术的影响因素，技术训练的常用方法以及技术训练的基本要求。通过本章学习，要求学生在了解运动员技术能力的基础上，重点学习运动训练中影响技术训练的因素，技术训练的方法以及基本要求，并将面授、实践、自学、讨论和课后作业相结合，通过有计划的参观技术训练，教学与训练实践，巩固所学的理论知识，并应用于实践。

第一节　运动技术与运动员技术能力

面授内容

一、运动技术的定义及基本特征

1. 运动技术的定义

运动技术即是完成体育动作的方法，是运动员竞技能力水平的重要决定因素。合理的、正确的运动技术须符合项目运动规律的要求，有利于运动员的生理、心理能力得到充分的发挥，有助于运动员取得好的竞技效果。

2. 运动技术的基本特征

（1）运动技术与体育动作的不可分割性

这是运动技术区别于其他技术的最显著的特征。运动技术只能通过运动员身体动作表现出来。因而，人们长期将运动技术又称为“技术动作”“动作技术”等。

（2）运动技术不断发展的必然性

在任一特定时刻，运动技术的规范要求的合理性都是相对的、暂时的。随着运动员身心素质的不断提高和运动器械设备的不断改进，运动技术也在不断地发展，即处于一种动态变化过程之中。

（3）运动技术相对稳定与即时应变的统一性

运动技术应具备相对稳定的动作结构。在比赛中，应力求保持这种结构。同时，随着比赛环境、比赛对手的变化，有效的运动技术应能随这些变化而有所调整。

（4）运动技术的个体差异性

由于运动员在身体形态、运动素质等许多方面具有不同的个人特点，所以，运动技术还具有个体差异性，对每个具体的运动员来说，最合理的技术动作都不会完全相同，而有着鲜明的个人特点。

二、运动技术的动作要素

动作要素包括身体姿势、动作轨迹、动作时间、动作速度、动作速率、动作力量、动作节奏等。

1. 身体姿势

身体姿势指在动作过程中，身体或身体各部分所处的状态，及身体各部位在空间所处的位置关系。可分为开始姿势、动作进行过程中的姿势和结束姿势。

2. 动作轨迹

动作轨迹指在做动作时，身体或身体某部分所移动的路线。包括轨迹形状（直线、曲线、弧线等）、轨迹方向（前后、左右、上下等六个基本方向及各种旋转与环绕等）和轨迹幅度（长度、角度）。

3. 动作时间

动作时间指完成动作所需要的时间。包括完成动作的总时间（完成动作所需的全部时间）和各个部分的操作时间（完成动作的某一环节所需要的时间）。

4. 动作速度

动作速度指在单位时间里身体或身体某部分移动的距离。包括平均速度、瞬时速度、初速度、末速度、角速度、加速度等。

5. 动作力量

动作力量指在完成动作时，身体或身体某部分克服阻力所用力的大小，是人体内力和外力相互作用的结果。

6. 动作速率

动作速率指在单位时间内同一动作重复的次数。

7. 动作节奏

动作节奏指在完成动作过程中的时间特征。包括用力的大小、时间间隔的长短、动作幅度的大小、动作快慢等要素。

自学内容

一、运动技术原理

不同项目的运动技术，须全部或部分服从以下科学原理：

1. 生物学原理

（1）生理学原理

目前一般认为，运动技术形成的生理机制，是运动条件反射暂时性神经联系，是以大脑皮质运动为基础的。因此，学习和掌握运动技术的生理学本质就是建立运动条件反射。

（2）生物力学原理

运动生物力学认为，运动技术的生物力学原理就是以下基本要素合理适宜匹配的结果，即：身体姿势，关节角度；身体及肢体的位移、运动时间、速度及加速度；用力大小及方向，用力的稳定性及动态力的变化速率；人体各环节的相互配合形式与方式；增大动力的利用率及减少阻力的技巧。

2. 心理学原理

运动技术的心理学机制，目前已受到人们广泛关注。如运动技术学习与形成所需要的心理能力等，认知心理的形成与发展，表象的形成与运用都对学习和掌握运动技术有着重要的作用。

3. 社会学原理

运动技术服从的社会学原理主要是美学原理。“运动美”从某种意义上讲，就是技术美、动作美。在技能主导类表现难美类项群技术训练中，对技术美的要求尤为严格。

二、技术结构

技术结构包括动作基本结构和技术组合两层含义。

1. 动作基本结构

动作基本结构由动作基本环节和环节之间的顺序构成，亦可称为技术的微观结构。

每一项技术动作的基本结构都包括若干个基本环节。如跳远技术动作由助跑、踏跳、腾空、落地等四个基本环节组成。这些基本环节按特定的、一般不能加以改变的顺序形成动作基本结构。

改善动作基本结构可从改善动作基本环节、改善环节间顺序两个方面进行。

2. 技术组合

技术组合由若干独立的技术动作连结组成的集合。如乒乓球运动员的“左推右攻”，艺术体操运动员的“难度性组合”与“表现性组合”等等。

本节小结

运动技术即是完成体育动作的方法，是运动员竞技能力水平的重要决定因素。

运动技术的基本特征：(1) 运动技术与体育动作的不可分割性，这是运动技术区别于其他技术的最显著的特征；(2) 运动技术不断发展的必然性；(3) 运动技术相对稳定与即时应变的统一性；(4) 运动技术的个体差异性。

不同项目的运动技术，须全部或部分服从生理学、生物力学、心理学及社会学等科学原理。

动作要素包括身体姿势、动作轨迹、动作时间、动作速度、动作速率、动作力量、动作节奏等。

技术结构包括动作基本结构和技术组合两层含义。动作基本结构由动作基本环节和环节之间的顺序构成，亦可称为技术的微观结构。技术组合则是由若干独立的技术动作连结组成的集合。

思考题

1. 什么是运动技术？运动技术有哪些基本特征？
2. 运动技术须服从的科学原理有哪些？
3. 动作由哪些要素构成？什么是技术结构？

第二节　影响运动技术的因素

面授内容

一、影响运动技术的主体因素

1. 人体结构力学特征

运动技术必须以身体动作为表现形式，而身体动作表现则以人体解剖结构作为基础。例如，动作的幅度主要取决于人体关节的结构，动作的速度取决于肌肉的结构（肌纤维构成比例）和功能等。

2. 中枢神经系统的控制与协调能力

运动技术的合理性依赖于参加动作的肌肉群的协调程度，而这种协调程度又依赖于神经系统对肌肉的合理而精细的支配即协调能力。运动技术的完成，从神经系统来说主要取决于相关神经元的连续冲动，冲动的频率，冲动到达肌纤维的准确时间；而无关神经元则抑制不需参加活动的肌纤维，使之不发生收缩。在骨骼肌的协调活动中，起主要作用的是神经机能的调节。

协调能力是指运动员机体不同系统、不同部位、不同器官协同配合完成技术动作的能力，协调能力是形成运动技术的重要基础。协调能力好，就能在练习中把握好时间空间结构特征，从而较快提高运动技术学习和训练水平。

3. 感知觉能力

运动员在完成技术动作时，需要各种感知觉参加。其中，肌肉运动感觉起着重要的作用。经过反复学习，运动员各种分析器的感受性得到高度发展。为了适应专项运动的要求，专门化知觉（如“水感”“球感”“速度感”“器械感”等）也得以形成和发展。运动员能够清晰地知觉自己的动作，因而动作具有高度的准确性和协调性。

从运动训练实践中可以发现，运动员感知觉能力的高低，在很多情况下，同其技术水平存在极为密切的关系，技能主导类项目更是如此。例如，根据优秀体操运动员的心理特征的研究表明，优秀体操运动员在臂、腿动觉方位的准确性、肌肉用力感觉、动觉时间估计等心理特征上明显优于非运动员或少年儿童体操运动员。

4. 动作技能的贮存数量

运动员动作技能贮存的数量越多，越能顺利地建立新的条件反射，掌握新的技术动作。例如，中国柔道技术开始较晚，运动员多有中国式摔跤基础，投技较好，但寝技较差，只有加强寝技训练，提高全面技术，才能冲出亚洲，走向世界。

5. 运动素质的发展水平

动作速度、力量、柔韧等运动素质对技术动作的完成和运动技术的质量有着重要的影响。这些素质的发展水平直接影响技术完成过程中时空、节奏特征及各部分肌肉用力的协调配合。而这些都反映了协调能力的发展水平。例如，拳击台上三局比赛中的胜负逆反，先胜后败或是反败为胜，往往是耐力的差异所致，此时耐力的作用并不比速度和灵巧的作用小。因此，运动员技能的发展在很大程度上依赖于有关运动素质的发展水平。

6. 运动员个性心理特征

运动员学习掌握技术和完成技术的质量与注意力、思维、信心、意志等心理品质有着直接关系，特别是高难技术动作的掌握，这些心理品质对其有很大的影响。

二、影响运动技术的客体因素

1. 竞赛规则

竞赛规则直接制约着运动技术的发展方向和发展速度。任何运动技术，只有在竞赛规则允许的范围内才能存在和发展。篮球三分球的规定推动了远投技术的发展，乒乓球直径的加大则将会使乒乓球技术更富于变化。

2. 技术环境

所谓技术环境，是对运动员个体来说，一个群体（国家、地区或运动队）的整体技术水平。实践证明，良好的技术环境，对于运动员学习、掌握和运用运动技术有着重要的作用。在很多项目中，“明星”级运动员只能产生于良好的技术环境之中。

3. 器材设备与场地

从某种意义上讲，运动技术的发展离不开器材设备与场地的进步。甚至某些技术若离开了这些因素就无法存在。例如，撑杆跳高中的“弹射”过杆技术，离不开玻璃钢杆；乒乓球中的“倒拍”发球和削球技术，离不开两面不同性质的球拍胶皮。在特定的情况下，运动员所使用的器械设备是否先进，是决定其运动技术水平高低乃至其运动成绩好坏的重要原因。格斗项目的比赛场地面积受限制，范围较小的场地便于把角斗集中在较小范围，体现项目的特点，有利于运动员发挥技、战术，对消极逃避者是一种限制。现代高科技不断渗入运动训练过程，促进了器材设备与场地等物质条件的飞速发展，从而为运动技术向更高水平发展提供了可能。

4. 战术内容

运动技术是形成并运用战术的基础，没有运动技术就谈不上战术。在某些项目，尤其是一些对抗性较强的项目中，战术内容的变化迫使运动员必须掌握全面、快速、灵活和准确的技术以适应战术的需要，这无疑促进了运动技术的改进、发展和完善。

自学内容

一、技术训练方法的选择

教练员和运动员为完成技术训练任务，必须采用有效的训练方法。技术训练是否成功，训练效果是否显著，在很大程度上取决于技术训练方法的先进性和运用的正确程度。

选择技术训练方法应遵循下列要求：

明确的目的性和针对性。技术训练的不同阶段要达到的目的和所要解决的任务是不同的，因此，选择技术训练方法应具有较强的针对性，即要“有的放矢”。

多层面的综合性。为完成某一技术训练任务，可采用多种训练方法进行综合训练；或采用一种技术训练方法同时解决几项训练任务，以提高训练效益。

常用方法与特殊方法相结合。各项目均可采用的方法称为常用方法，各项目专用的训练方法以及针对需要解决的特殊问题而专门设计或采用的方法称为特殊方法。

二、技术训练常用方法

1. 直观法与语言法

（1）直观法

直观法指在技术训练中，借助运动员的各种感觉器官，使运动员建立起对练习的表象，获得感性认识，帮助运动员正确思维、掌握和提高运动技术水平的一种常用的训练方法。

运用直观法时应注意：

①根据具体条件和可能，广泛利用各种直观手段。

提高多感官的综合分析能力。运动员综合利用感觉器官的能力越强，越能较快地感知和掌握技术动作。

各种感觉器官的作用往往具有阶段性。如开始学习技术动作时，视觉作用较大；但在提高过程中，就应更多地通过肌肉本体感觉改进和完善技术。

②把运用直观法和启发运动员的积极思维结合起来。感性认识必须通过积极的思维向理性认识过渡，才能形成正确的动作概念，从而掌握动作。

③对于运动水平较低、年龄较小的运动员应更多使用电影、录像和示范等直观手段。

（2）语言法

语言法指在技术训练中，运用各种形式的语言，指导运动员学习和掌握技术动作的训练方法。其主要作用在于帮助运动员借助语词明确技术动作概念，纠正错误动作，提高技术水平。

语言法以“讲解”为主要手段。讲解时，应力求目的明确、通俗易懂、精简扼要、富于启发性，并要注意讲解的时机。对高水平优秀运动员可适当多使用语言法。

2. 完整法与分解法

完整法是指运动员从技术动作的开始姿势到结束姿势，完整地进行练习，从而掌握技术的训练方法。其优点在于一开始就使运动员建立完整的技术动作概念，不致影响动作的结构和各部分之间的联系。此方法多用于学习简单的技术动作或不能分解练习的较复杂的技术动作。

分解法是指把完整技术动作按其基本环节，分成若干个相对独立的部分，使运动员分别进行练习的训练方法。其优点在于能减少运动员开始学习的困难，在掌握了完整技术动作中相对独立的几个部分后，再进行完整练习，从而提高学习的效率，增强掌握动作的信心。此方法主要用于较复杂的技术及技能主导类表现难美性项群的成套技术动作练习中，在改进动作、提高动作质量时亦可使用。

由于分解练习是部分地掌握技术，所以，一般将分解练习看成是完整练习的补充。

运用完整法与分解法时应注意：

（1）对于比较复杂的技术动作，可采用先分解后完整的练习。但在这种情况下，必须注意不要破坏动作的完整性。即动作阶段的划分应以不影响技术动作的结构特点和不破坏动作各部分的有机联系为准则。

（2）少儿初学者善于模仿，对于一些不是很复杂的动作，可先完整练习后再分解练习。

（3）一般来讲，运动技术水平越高，分解练习的比例相应越大一些（此时，运动员具有高度的分化抑制，技术动作各个环节的概念也十分清楚，一般不会因分解练习而影响技术动作的完整性）。

（4）“先分解后完整”或“先完整后分解”都不是固定的学习、训练程序。教练员应根据技术动作的难度、结构（组成环节的多少）及运动员年龄及心理特征等来确定采用什么方法。

3. 想象法与表象法

（1）想象法

想象法指在练习前，通过对技术要领的想象，在大脑皮层中留下技术“痕迹”，然后在练习中激活这些痕迹，使技术动作完成得更为顺利和正确的一种训练方法。此种方法在优秀运动员中运用得更为普遍。

在想象法运用过程中，要与各种感觉相结合，即在头脑中对技术动作想象的同时，同步地与各种感觉（肌肉用力感、空间感、方向感、平衡感和速度感等）结合起来，把头脑中的想象变成运动器官的操作性活动。

（2）表象法

表象法又称念动法，指运动员在头脑中对过去完成的正确技术动作的回忆与再现、唤起临场感觉的训练方法。通过多次动作表象，提高运动员的表象再现及表象记忆能力；可以使运动员的注意力集中于正确的技术要求，有利于提高心理稳定性，从而促进技术的掌握。

4. 减难法与加难法

减难法指在技术训练中，以低于专项要求的难度进行训练的方法。如在跳远训练的踏跳练习中，以弹簧板代替踏跳板。此种方法常用于技术初学阶段。

加难法指在技术训练中，以高于专项要求的难度进行训练的方法。如在排球扣球技术训练中，加高隔网，从而增加了训练难度。此种方法常在优秀运动员训练中使用。

本节小结

影响运动技术的因素主要有主体因素和客体因素。主体因素包括人体结构力学特征、中枢神经系统的控制与协调能力、感知觉能力、动作技能的贮存数量、运动素质的发展水平以及运动员个性心理特征；客体因素主要包括竞赛规则、技术环境和器材设备与场地等。

选择技术训练方法应遵循：（1）多层面的综合性；（2）明确的目的性和针对性；（3）常用方法与特殊方法相结合的要求。

技术训练常用方法主要有直观法与语言法、完整法与分解法、想象法与表象法、减难法与加难法。

思考题

1. 简述影响运动技术的因素有哪些？
2. 选择运动技术训练方法时应遵循哪些基本要求？
3. 技术训练常用方法有哪些？

第三节　运动技术训练基本要求

面授内容

一、处理好基本技术与高难度技术的关系

实践证明，凡能够攀登上世界体育高峰的运动员，一般都具备扎实的基本技术。因此，无论哪个运动项目，都必须长期地、系统地、坚持不懈地狠抓基本技术的训练。即使是在高水平运动员的训练中，基本技术训练也应占相当的比重。

运动员如欲长期保持高峰状态，延长运动寿命，以基本技术为核心的“基本功”“基本实力”是否雄厚，是一个必备条件。我国著名女子花剑运动员栾菊杰曾连续多年在国际国内重大比赛中赢得金牌，她的教练员文国刚指出：“栾菊杰运动寿命长的因素之一是其基本功扎实，技术全面。扎实的基本功是保持较长高峰年限的重要条件。”

训练实践证明，没有扎实的基本功而想求得长远的发展是不大可能的。然而，我们还必须注意到，在球类、体操、跳水等项目中，除必须抓好基本技术训练外，还应努力掌握高难技术。我国跳水队取得巨大成功的重要经验之一就是“走在世界跳水难度前面”，即在训练中以难度领先。同时，注意正确地处理难度与基本功的关系。因为他们清楚地看到，要发展难度，必须要有良好的技术基础和身体素质基础。这样，高难技术和基本技术相互促进，都得到了提高。

二、处理好特长技术与全面技术的关系

在很多项目中，有特长技术和全面技术之分。在训练中，这两种技术应当有机地结合起来。

特长技术是指运动员所掌握的技术“群”中那些对其获取优异运动成绩有决定意义的、能够展现个人特点或优势、使用概率和（或）得分概率相对较高的技术。特长技术是运动员在竞赛中获得高分或克“敌”制胜的主要手段。

一个运动员（队）是否有“绝招”，是其能否达到高水平的重要条件。而特长技术，就是“绝招”的核心构成部分。日本柔道联合会科研部长高桥邦男在对日本最优秀的柔道运动员的各种特征进行分析后指出，这些运动员的共同之处是都有自己的“得意技”，并

由此衍生出其他技术，成为制胜法宝。此外，特长技术还是决定技术风格是否鲜明的重要因素之一。

现代运动训练实践的发展，不但要求运动员有精绝的特长技术，而且还要具备较高水平的全面技术。为此，平时训练中，必须把二者有机结合起来。“技术是战术的基础”这句训练公理性语言尚包括这样一层语义：技术的全面性决定了战术的多样性。在比赛中，既要给对手造成最大限度的不适应，又要使自己最大限度地适应对手，往往看起来只是战术问题，但实际上还包括技术问题。

三、处理好规范化与个体差异化的关系

技术规范又称技术规格。在训练学中，特指依据科学原理而确立的、人们在进行技术训练时所必须遵从的模式化要求。在训练中，必须强调技术的规范化，在技术训练的初级阶段或少儿训练中，强调技术的规范化也是非常必要的。

技术规范是一种理想的动作模式，它往往是将许多优秀运动员的共同特征集中起来进行的最有代表性的描述。在一个特定的时间中，某个运动员是不太可能同时具备所有这些特征的，一个运动员的技术动作很难完全符合技术规范的要求。因此，技术规范作为一种理论抽象，只能为技术训练提供一些准则，为训练指明一个基本方向，而不可能深入到每个运动员的技术细节中去。在技术训练中除必须要求运动员按技术规格进行练习外，还应注意运动员的个人特点。

由于运动员之间存在着差异，在掌握技术过程中往往在某些方面看起来不符合技术规格，但对其本人来说是合理、有效的。教练员必须明了：如果过分拘泥于技术的规范化，对实用性有所忽视，比赛效果往往受到影响。而“实用性”在很多情况下，不仅由技术的规范化所决定，而且，还由运动员的个人技术特点所决定。因而，在技术训练中，对运动员进行区别对待是极其重要的。应该在技术规范化指出的方向上，让运动员表现出不同的技术特征来。

四、循序渐进与难点先行的关系

任何一项运动技术的各个组成部分之间，都有其内在的练习。进行技术训练时，应当认识和利用技术活动内部存在的固有联系，即应当沿着由低到高、由易到难、由浅入深、由分到合、由主到次的顺序进行练习。无论是训练内容的安排和训练方法手段的选择，都要服从“学习、提高、巩固，再学习、再提高、再巩固”的一般性程序。按照这种方式进行技术训练，有利于运动员打牢基础，稳步前进。

然而，现代运动技术训练实践的发展也告诉我们，先易后难、先浅后深等教学顺序也并不是绝对不能改变的唯一模式。在特定条件下，“难点先行”，即所谓“先难后易”“先深后浅”，亦可望收到良好的效果。例如，在跳水项目中，高难技术的竞争，往往成为决定成绩的关键所在。一般说来，要求在少儿时期练好扎实的基本技术以作为今后练高难技

术的基础。然而，随着少儿身体的发育、体重逐渐增加，心理上“畏惧感”加大，攻高难技术往往十分困难。在这种情况下，我国跳水界对传统训练理论进行了冲击：根据少年时期体重、心理负担小的特点，跃进式地发展难度技术动作，且使这种技术具有较高质量，从而将基本技术训练与难度技术发展密切结合起来，使我国一大批运动员在少年时期就已在国际大赛中独领风骚，取得了优异的参赛成绩。

当然，“难点先行”必须具备一定的条件。如前述跳水（尤其是跳板跳水）训练中，少年运动员需要具备良好的空中平衡能力和控制跳板的能力。在一些可能出现运动损伤的项目中，如运动员还未能通过基础训练获得较强的自我保护能力时，欲练习高难技术，必须采取相应的保护措施。同时“难点先行”绝不等于是不要基本技术，它只是一种很有发展前途的技术训练程序。而这种程序必须同旧有程序有机结合，才能相得益彰。归根结底，“难点先行”仍是“循序渐进”的一种特例，不同的只是，它是按照新的“序”来进行训练的。

五、处理好合理的内部机制与正确的外部形态的关系

合理的内部机制指运动技术必须符合运动解剖学、运动生理学所指明的神经肌肉工作原理。例如，中枢神经系统对肌肉系统中主动肌、协同肌和对抗肌的正确支配等等。另外，运动技术还应符合运动技能形成的心理学原理。

与此同时，运动技术还应具备有正确的外部形态，其意义从以下几个方面表现出来：

第一，外部形态和内部机制往往交互影响。前苏联运动生理学家曾指出：技术动作一开始就具有正确的外部形态，对技术进一步完善、技能进一步形成具有很大意义。

第二，对于技术的外部形态，我们常用运动生物力学的方法进行描述。如运动的轨迹、幅度、加速度、打击点、打击力量等等。通过这些指标来表述技术动作在经济性、实效性等方面的特征。

第三，“技术美”在很大程度上，通过外部形态来体现。尤其是在武术套路、体操、花样滑冰等项目中，更是如此。

第四，体育院校的学生在进行训练时，更应注意正确的外部形态。因为他们毕业后将担任教练员或体育教师，自身的技术动作如何，对其在今后能否正确地进行示范，以及能否在所教学生中享有较高威信，都有一定影响。

六、抓好技术风格的培养

1. 技术风格的意义

在运动训练实践中，教练员、运动员极其重视“技术风格”的培养。有人甚至称技术风格是运动技术的“灵魂”。一个运动员有个人的技术风格，一个运动队也有集体的技术风格。因此，今天我们在理解技术风格时，不应局限在个人技术上。

2. 何谓技术风格

所谓**技术风格，是指某运动员或运动队的技术系统，区别于其他运动员或运动队的技术系统的、较为成熟和定型化了的、经常表现出来的特征。**

如要培养运动员或运动队的独特的技术风格，除在系统元素上要有特点外，用特殊组合形式将各元素勾联起来，亦可达到这一目的。

3. 影响技术风格的因素

（1）特长技术

特长越显著，风格越突出。技术风格的培养从一定意义上讲，也就是特长技术的训练。某项特长技术的掌握，往往使运动员或运动队的风格变得更加突出。

在训练中，如何选择几项技术反复精练，使其成为运动员的特长，并结合好其他技术进行练习，这是培养运动员鲜明技术风格的一个关键问题。

（2）动员的神经类型（气质类型）

运动心理学研究表明，一定的气质类型适合于一定的技术风格。在前苏联著名运动心理学家 A·B·罗季奥诺夫主编的《高级运动员的运动心理学》一书中指出："对个人活动的风格，可理解为受神经系统的类型特征所制约的、能取得胜利的活动方法、手段以及反应形式的总和。"不言而喻，神经类型是气质类型的生理基础，气质类型是神经类型的外在形式。例如，在技术风格中强调"变化的运动员"要求其自身的神经活动具有高度的灵活性和平衡性，这种风格运动员的气质类型，大多为典型的多血质。

（3）种族特征

从人类学的角度看，种族特征对技术风格的影响也是较为明显的。种族形态与心理特征制约着运动技术的发展方向。例如，在对抗性项目中，东方运动员的技术风格往往表现出"巧"的特征，而西方运动员则往往表现为"猛"。在足球运动中，欧洲运动员凭借自己的身材优势，在技术上形成了大刀阔斧的欧洲风格，而南美运动员身材虽不及欧洲运动员高大，但在技术上精雕细刻，从而也形成了以细腻见长的南美风格。

七、处理好"学习"因素与"训练"因素的关系

现代训练理论认为，训练过程中既有"学习"因素，又有"训练"因素。就运动员而言，"学习"和"训练"两大因素构成了完整的统一的不可分割的技术训练过程——运动员从"学习"开始步入这个过程，但由于"学习"必须以"身体练习"为基本手段，所以即便在此时，"训练"因素也夹杂在其中。

技术学习是技术训练过程的起点和基础，它将对整个技术训练过程产生重大影响，因而，教练员、运动员有必要掌握技术学习的有关理论。

从特定角度认为，技术训练过程的实质就是运动学习的过程，包括接受信息，形成表象，建立动作过程；发出指令，完成动作；反馈和调整动作三个环节。

1. 接受信息，形成动作表象，建立动作程序

学习技术时，运动员总是通过感觉器官从多种信息源摄取有关所学动作技术的种种信息，并将信息传到大脑皮层进行加工处理，形成动作表象，在此基础上组成动作方案在脑中留下知觉痕迹。

由于大脑皮质的信息加工能力是有限的，并不是所有的动作信息都能在脑中留下痕迹，运动员抓住有关动作的主要信息的多少，取决于运动员掌握技能的多少、认知能力及学习时机、情绪等方面的特征。

2. 发出指令，完成动作

大脑皮质按照形成的动作方案，向有关运动器官发出指令。运动器官按此进行活动，完成动作。由于种种原因，开始完成的动作不可能与预定方案完全相符，这就要通过下面的反馈、调节过程进行修正。

3. 反馈和调整动作

在运动机能形成中，信息的反馈有着重要的作用。其内容包括有关动作的参数（方向、速度、节奏等），以及动作学习的紧张情况。

反馈信息来自两个方面：一是运动员本身的各种感觉、知觉；二是外部其他人给予的信息，如教练员、同伴的评价、指示以及通过各种测试仪器所测得的数据。

在技术训练中，教练员要有选择、有重点地向运动员提供有关动作的信息。教练员应详细研究技术的实质及要领，围绕关键技术，结合运动员个人特点和所练技术的掌握情况，确定给予信息的内容、顺序及频率，以使运动员对技术较易形成清晰的认识。

八、改善动作基本结构，提高技术组合水平

运动技术训练实践证明，改善动作基本结构、提高技术组合水平，是提高运动技术整体水平的重要途径。

对于体能主导类项群而言，由于专项技术动作相对单一，因而，对各个动作基本环节精雕细刻，并力求使环节间的联系更加流畅，可以更大限度地发挥出运动员的体能水平。

对于技能主导类表现准确性项群而言，除改善单个技术动作的基本结构外，提高各技术动作间的组合水平，将是决定运动员整体技术水平能否继续得以提高的重要因素。对高水平运动员来讲，这个问题尤为重要。因为在此阶段，单个技术质量的提高及新技术的学习与掌握，已变得相对困难，而提高技术组合水平，正是提高总体水平的有效途径。

在技能主导类的格斗对抗性、隔网对抗性、同场对抗性中，根据对手的情况，技术的运用除有一定的固定形式外，还存在着变异组合形式，由于比赛中的情况千变万化，这种组合带有很强的应变及创造性质，即在比赛中往往可能出现平时训练中没有出现过的技术组合。运动员这种“创造”能力的高低，往往成为决定成绩的关键因素，亦是技术训练中

需要解决的一个重要问题。

九、重视运动技术创新

运动技术的发展有两种形式：渐进式（指原有技术不断完善和提高）和飞跃式（即出现了以前没有的新技术）。技术创新属飞跃性发展。

技术出现往往会引起整个技术体系的震荡，破坏现有的技术结构，建立新的技术结构，使技术在较短的时期内得到长足的发展，并往往使率先创新者在优异运动成绩的“争夺过程中得到巨大的效益”，因而格外受到人们关注。

技术创新具有如下具体意义：

第一，直接提高运动成绩。在技能主导类表现难美性项群中体操、艺术体操、花样游泳等项目中，创新技术是运动员夺取优异运动成绩的法宝。

第二，引进制胜因素或提高制胜因素单个水平或因素间组合水平。可以把对某一专项运动成绩有决定性影响的因素称之为制胜因素。在特定含义下，专项运动的发展与成绩的提高，就是制胜因素的单个水平及相互间组合水平得以提高的过程。其中，新技术的出现，是制胜因素产生和提高的主要原因之一。

例如，中国乒乓球创新了直拍近台快攻技术，日本乒乓球创新了弧圈球技术，从而使速度、旋转两大制胜因素进入到人们的理性视野之中，快、转之争已持续了40年，有力地促进着乒乓球技术的发展。

第三，有效地制约现有技术。这种情况在对抗性项目中尤为突出，即某项技术的创新往往是为了更有效地制约现有的某一技术。可以认为，“创新”从一定意义上讲，是在“对抗”的前提下完成的，其目的之一是在新的对抗中占据优势。

第四，更大限度地发挥人体潜能。这种情况在体能主导类项目中表现极为明显。在这些项目中，任何技术的创新，都是为了开发运动员人体潜能，从而达到“更快、更高、更强”的目的。

综上所述，教练员、运动员应在充分认识技术创新的重要性的基础上，开拓思路，大胆创新，从而提高运动技术水平。

自学内容

一、运动技术评价

1. 目的任务

运动技术评价是指对于运动技术的掌握或完成状态予以描述和评定的活动。评价者（通常为教练员、科技人员等）在科学理论指导下，运用现代科技手段或依据自身经验发现、描述（定性或定量的）与评价运动员在技术上存在的问题，并为运动员实现理想的或满意的技术状态提出指导意见和建议的活动。

技术评价的任务，旨在帮助运动员尽快掌握动作，提高技术质量，探寻新技术和论证创新技术的可行性及科学性，从而达到促进其运动水平提高的目的。

2. 基本标准

实效性（结果）评价和合理性、经济性（过程）评价是运动技术评价的两大基本标准。

运动技术训练的根本目的，是为了创造优异运动成绩。是否能达到这一目的，即实效性如何，是评价运动技术的主要标准。其次，达到这一目的的过程是否符合生物学及心理学等规律，即合理性与经济性如何，亦是评价运动技术的重要标准。在很多情况下，合理的、经济的技术会取得良好的效果，这在体能主导类项群、技能主导类表现难美性及表现准确性项群中尤为突出；但在另外一些情况下（主要在技能主导类格斗对抗性项群、隔网对抗性项群和同场对抗性项群中），尽管实效性同合理性、经济性同样存在密切关系，但由于对手的干扰和不可避免的偶然因素，良好的技术效果却并不惟一来自合理、经济的技术完成过程。因而，我们有必要从实效性、合理性和经济性等方面对运动技术给予完整的评价。

二、运动技术评价的指标

1. 生物学与社会学指标

评价运动技术可以从自然科学和社会科学的不同角度进行。例如，在评价体操技术时，不仅要分析其是否符合生物力学和生理生化规律，而且，还要评价其是否符合美学规律等。一般说来，采用生物学评价的情况居多。

2. 质量与数量指标

运动技术的数量反映着运动员掌握技术动作的全面性和多样性。

运动技术的质量可以用内外两组指标进行评价。内部指标，指技术动作是否合理和经济；外部指标，指技术动作是否“实效”。因此，对技术质量的评价，相对来说更加复杂，采用的标准也更多些。我们现在进行的技术评价，大多是质量评价。

三、运动技术评价常用方法

1. 定性评价

定性评价是对于运动技术的质的特征所进行的评价。这种评价以观察法为主要手段。在采用观察法时，要注意观察的客观性、系统性和精确性。客观性将保证获取的关于运动员技术情况的信息是可靠的；系统性指观察必须按运动的计划顺序进行，从而保证观察的全面性；精确性将排除错觉、幻觉以及任何主观因素的影响，发现相似事物中的微小差异，从而使观察结果符合实际。

采用观察手段评价运动员技术状况时有两种途径，即在运动员完成动作的现场直接观察、评价和借助于录像技术在间接观察中进行评价。

2. 定量评价

定量评价是对于运动技术的量的特征所进行的评价。这种评价主要是依靠各种仪器设备，对运动员的运动技术的各种生物学特征（主要是生物力学特征）进行定量描述与评价。

定量评价以定量分析为基础，与评价者的经验相结合，从而使作出的评价与定性评价相比较，更具有准确性和可靠性，即不仅能提供定性的信息，因而更明确且更能抓住关键，从而更能迅速而准确地提出改进技术的措施或建议。

目前，定量评价往往采用“理论模式分析”和“实测”两种具体方法。“理论模式分析”方法是指把运动中的复杂人体，进行一系列简化性假设，建立起技术动作的数学或生物学模型，继而使用生物力学或经典力学的方法对技术动作进行分析评价；“实测”方法是应用现代科技手段对进行中的技术动作直接检测，以获取技术评价所必须的人体运动学、动力学、形态学和功能解剖学等方面的参数。

3. 多维测试与综合评价

多维测试指运用多种手段、尤其是现代科技手段，从多种角度对运动技术进行测试。随着现代运动训练的发展，单一的测试手段和角度已表现出局限性，多维测试应运而生。通过对多维测试所获取的多种信息进行综合评价，可对运动技术作出更为透彻和准确的分析与评价。因而，这种方法是技术评价的发展方向。

本节小结

运动技术训练的基本要求：(1) 处理好基本技术与高难技术的关系；(2) 处理好特长技术与全面技术的关系；(3) 处理好规范化与个体差异的关系；(4) 处理好循序渐进与难点先行的关系；(5) 处理好合理的内部机制与正确的外部形态的关系；(6) 抓好技术风格的培养；(7) 处理好“学习”因素与“训练”因素的关系；(8) 改善动作基本结构，提高技术组合水平；(9) 重视运动技术创新。

运动技术评价是指对于运动技术的掌握或完成状态予以描述和评定的活动。

实效性（结果）评价和合理性、经济性（过程）评价是运动技术评价的两大基本标准。

运动技术评价的指标主要有：定性评价、定量评价、多维测试与综合评价等。

思考题

1. 论述运动技术训练的基本要求？
2. 什么是运动技术评价？其基本标准有哪些？
3. 简述运动技术评价的指标？

第七章　战术训练

内容提要和学习指导

本章主要内容为竞技战术训练，主要阐述竞技战术及运动员战术能力的基本概念，详细的描述战术训练方法。运动员的心理能力与战术能力有着非常密切的关系，因此在战术训练基础上有必要了解心理能力训练与评价的方法。

通过本章学习，要求在了解竞技战术能力及心理能力的基础上，重点学习和掌握战术的方法、基本要求。围绕学习重点，针对自身的专项特点，结合运动训练实例进行学习，加深对战术训练的理解，提高对竞技战术及运用的认识。

第一节 战术训练的基本概念

面授内容

一、战术训练内涵

1. 竞技战术的定义

竞技战术指在比赛中为战胜对手或为表现出理想的竞技水平而采取的计谋和行动。

2. 竞技战术的构成

竞技战术由战术观念、战术指导思想、战术意识、战术知识、战术形式、战术行动等构成。

（1）战术观念

战术观念指对比赛战术概念、战术价值功效及运用条件等进行认识和思考后产生的观念。战术观念的形成同运动员、教练员所具有的竞赛经验、知识结构、认知特点和思维方式等有密切关系。教练员、运动员形成的战术观念，对其进行战术思考、制订战术计划、实施战术训练等一切同战术有关的活动产生重要的导向意义。

（2）战术指导思想

战术指导思想指在战术观念影响下，根据比赛具体情况提出的战术运用的活动准则。它是基于对战术规律认识基础之上，指导战术行动的规范或模式，明显地体现出战术运用者的战术观念。

例如，短道速滑的战术意识在临场比赛复杂多变的情况中，根据比赛规律和各方面的情况随机应变决定个人行动的自觉心理活动。短道速滑现代战术意识主要包括：位置意识、机遇意识、应变意识、阻滞意识等。

战术指导思想是战术活动的核心。采用的战术是否具有很强的针对性和实效性，关键取决于战术指导思想正确与否。

（3）战术意识

战术意识又称战术素养，指运动员在比赛中为达到特定战术目的而决定自己战术行为的思维活动过程。战术意识强的运动员，能在复杂多变的竞赛环境中，及时准确地观察场上的情况，随机应变，迅速而正确地决定自己的行动方案（包括个人行动及与同伴的协同配合行动）。

(4) 战术知识

战术知识指关于比赛战术理论及实践运用的知识，有经验性知识和理论性知识两种形态，包括对专项战术运用原则与战术形式、战术的发展趋势、比赛规则对战术运用的制约等方面的了解与把握程度。

战术知识是掌握和运用具体战术的基础。教练员、运动员制订的战术方案是否合理，运用得是否灵活、机动、有效，往往取决于他们掌握战术知识的广度和深度。

(5) 战术形式

战术形式指战术活动中具有相对稳定的形态和结构的行动方式，如篮球战术中的掩护、盯人、联防等形式。

(6) 战术行动

战术行动指为达到特定战术目的而采用的动作、动作系列或动作组合。例如，短道速滑的战术行动是在比赛中为达到某个战术目的而采用的具有战术意义的动作系列或动作组合。短道速滑战术行动在比赛中呈现出如下特征：战术行动的目的性；战术行动的预见性；战术行动的准确性；战术行动的针对性；战术行动的隐蔽性；战术行动的协同性。

3. 战术的分类

(1) 按战术的表现特点分类

按战术的表现特点可将其分为**阵形战术、体力分配战术、心理战术等**。

阵形战术指在集体性项目中以一定的阵形，使每个运动员有一个相对的位置分工，并按一定的要求相互配合，从而构成一个相对完整的阵营形式去战胜对手的战术行动。如球类项目中进攻或防守的阵形。

体力分配战术指通过体力的合理分配而谋取胜利的战术行动，在体能主导类项群中的周期耐力性项目如长跑、游泳等项目中运用较多。当多名同队选手参加同一比赛时，可运用集体配合战术，包括二号、三号选手的牺牲战术，掩护主要选手出奇不意地夺取最后胜利。

随着运动员训练水平的接近，在比赛前和比赛中，运动员个人或集体任何微小的变化都会给对方以心理影响，扰乱其预先的战术部署，破坏其正常技术发挥。心理战术的主要目的是确立自己的心理优势，使对手在心理上处于劣势。

心理战术的核心是心理干扰。具体手段包括对对手进行威慑、麻痹、迷惑等，以使对手产生心理压力过重、烦躁不安、心理过程紊乱、盲目自信或丧失信心等消极情绪，诱使对手在错误的心理活动支配下进行错误的战术行动。

制造假象、形成错觉是心理干扰常用的手段，可使对手摸不清本方战术意图，从而导致其采用错误的战术行动。

(2) 按参加战术行动的人数分类

按参加战术行动的人数可将其分为**个人、小组和集体（全队）战术**。

个人战术指个人所完成的战术行动。在拳击、摔跤、跆拳道、击剑及乒乓球、羽毛球、网球等单打比赛中，个人战术表现得尤为明显。在篮球、排球、足球、冰球等项目中，个人战术是整体战术的组成部分。

小组战术一般指技能主导类隔网对抗项群（乒乓球、羽毛球、网球）中双打项目两个运动员之间协同配合所完成的战术行动，以及在其他集体性项目比赛中两、三个运动员共同完成的战术行动。如篮球比赛中的二人快攻、三人快攻，自行车团体赛中的领先战术等。

集体（全队）战术指赛场上同一运动队中所有运动员按统一的战术方案所进行的战术行动。在集体对抗性项目中，集体战术显得尤为重要，合理有效的集体战术往往是获得胜利的关键。

在集体项目中，个人、小组、全队战术是紧密联在一起的。个人战术是小组战术和全队战术的基础。只有当一个队伍是团结的集体，队里的分工既符合全队的任务，又符合每个运动员的个人能力特点时，集体战术才是行之有效的。

(3) 按战术的攻防性质分类

按战术的攻防性质可分为**进攻战术、防守战术、相持战术。**

进攻战术指利用掌握主动权的机会，通过个人的努力或集体的配合，对对手发动主动进攻所组成的战术行动。

防守战术指在个人或小组、集体退守的情况下，通过个人、小组或集体的努力及协同配合，为达到阻碍对手进攻，夺回主动权而采取的战术行动。

相持战术指比赛中双方攻守态势相对均衡时，为争得主动力求场上形势向有利于己的方向转化而采取的战术行动。

在势均力敌的比赛中，大量存在“既不主动、又不被动”的所谓“相持现象”。相持阶段是间于主动与被动的过渡环节。在这一环节中，战术运用是否得当，是能否争得主动、避免被动的主要因素。这在高水平的比赛中，显得尤为突出。

(4) 按战术的普适性分类

按战术的普适性可分为**常用战术和特殊战术。**

常用战术又称基本战术、常规战术。是人们在长期竞赛实践中总结出来的、具有较大普适性的战术。如乒乓球的发球抢攻战术，蓝球的人盯人防守战术、击剑的防守反击战术等。这些战术在训练中大量进行，每个运动员（运动队）都必须尽可能多、尽可能好地掌握。

特殊战术指比赛中针对特殊对手而专门制定的战术。“一次性效应”是这种战术的显著特征。在争夺名次、出线权等关键性比赛中，特殊战术的有效性是极为重要的。

常用战术能力是衡量运动员（运动队）实力的重要指标，而能否制定出行之有效的特殊战术，并使之与常用战术能力融为一体，却是衡量教练员水平的重要标志。

上述分类标准只是相对而言。在实践中可能出现交叉，如个人战术又可分为个人进攻战术和个人防守战术等。

二、战术训练的基本要求

1. 深刻把握项目制胜规律

所谓制胜规律，是指在竞赛规则的限定内，教练员、运动员在竞赛中战胜对手、争取优异运动成绩所必须遵循的客观规律。

制胜规律的组成包括两个方面，其一，制胜因素；其二，制胜因素之间的本质联系。

对专项运动成绩有决定性影响的因素称为制胜因素。这些因素是人们在对专项比赛的各种特性进行深入研究后归纳总结出来的。我国部分优势竞技项目在认识、发掘和把握制胜因素方面走在其他项目前面，如乒乓球项目总结出“快、转、准、狠、变”，排球项目总结出“高、全、快、变”制胜因素等，这也是我国优势项目在一定历史时期能居于世界先进水平的根本原因之一。

2. 抓住战术意识培养这一核心环节

战术意识这一特殊思维活动过程由战术信息选择与战术行为决策两个前后为序、紧密相连的部分组成。**其具体内容体现在：技术的有目的运用；战术行动的预见性；判断的准确性，攻防转换的平衡性；战术变化的灵活性；战术配合的协同性；战术行为的隐蔽性等。**

培养运动员的战术意识，是战术训练的中心环节。具体方式通常有：系统了解专项竞赛基本规律与战术特征，比赛中战术变化的规律及正确的应变措施，专项战术的发展趋势；积累专项战术理论及经验知识；大量而熟练地掌握基本战术等。

3. 着重培养运动员战术运用能力

在运动训练中，应当把培养运动员在各种复杂而艰苦的条件下合理运用战术的能力这一任务放在相当重要的位置上。这也是在战术训练中贯彻“练为战”思想的具体要求。

战术运用的基本要求为：第一，目的性和针对性。任何战术的运用都必须有明确的目的性，做到有的放矢。战术行动合理、针对性强，做到特定战术解决特定问题。**第二，实效性。**战术运用目的是制胜，因此，应以能否达到制胜目的为准，力戒华而不实。**第三，灵活性。**能根据场上千变万化的局势，灵活机动地坚持运用有效战术，力争主动、避免被动，使战局向有利于本方的方向发展。

4. 处理好个人战术行为和集体战术配合的关系

个人战术行为指运动员在战术活动中表现出的个人行为。个人战术行为是运动员个人战术的直接表现，亦是集体战术行为的基础。个人战术行为能力可分为“单兵作战能力”和“协同作战能力”。在集体项目中，个人战术行为的目的或为直接致胜，或为队友创造机会致胜。个人战术能力培养是提高个人战术行为能力的关键环节。

集体战术以个人战术为基础并对此加以协调配合。集体战术能力是运动队伍整体竞技能力的最主要的组成部分。在集体对抗性项目中，合理有效的集体战术往往是取得胜利的关键。

战术配合，是集体战术行为的核心。战术配合的构成因素有：参与配合的人数；每个人的行动方式；个人行动目的与战术配合目的的关系等等。战术配合水平取决于两个方面：第一，运动员在战术配合过程中表现出的活动方式的协调程度，亦称为操作形式的协调程度。第二，战术意识与心理过程的协调，亦称为“默契”。达到“默契”程度的战术配合行动，往往表现出较大的灵活性和创造性。

5. 重视战术组合

随着现代运动竞赛的日趋激烈，战术也在向“复合化”方向发展，靠单一战术制胜的局面已不复多见。如何将多套战术“揉”得娴熟如意，在比赛场上极富针对性地使用，是衡量运动员战术水平高低的主要标志。

战术组合可分为程式性组合与创造性组合两种。

程式性组合是指将各种战术行动在空间上、时间上按一定的顺序所构成的战术组合。各专项教科书所载战术（配合）多指此种，如足球中的阵形战术、篮球中的联防、盯人战术等。另外，根据特定对手而专门制定的战术组合也可归入此类。

创造性组合指根据比赛临场变化情况，不按固定程式，创造性地将几套战术组合在一起。“随机性”是这种组合的重要特性。

程式性组合既可表现于训练之中，又可表现于比赛之中；而创造性组合则更多地表现于比赛之中。程式性组合能力是创造性组合能力的基础。运动员对程式性组合掌握得越多，越熟练，就越能开发创造性组合。创造性组合能力又不能简单地等同于程式性组合能力。后者的神经生理机制可用经典动力定型理论解释，而前者至今尚未得到权威性说明。虽然如此，运动员在比赛中的创造性却是必须加以着重培养的能力。

6. 加强战术创新研究

战术创新可分为常用战术创新和特殊战术创新。

常用战术创新是一种基础性创新。由于常用战术具有较大的普适性，一经创新并在实践中被认可，就可能给专项战术体系带来革命性影响。因而，此种战术创新难度较大。

特殊战术创新是一种实用性创新，具有较大的针对性。即往往是针对特殊的对手“设计”出某种新战术。教练员、运动员应当把更多的精力放在这方面的研究和实践上。

自学内容

一、竞技战术能力发展的制约因素

竞技战术能力的发展受到运动员所具备的学习能力、技术运用能力、身体形态和体能表现能力，以及心理能力的制约。发展这些能力会对运动员战术能力水平的提高起到促进作用。

1. 学习能力

学习能力是一个人学习知识和掌握技能的重要基础，能否很好地学习和掌握竞技战术，与教练员、运动员的学习能力有直接关系。要学会一项竞技战术，首先要建立基本概念，理解、认识竞技战术的作用和在比赛中的意义；其次要学习竞技战术的形式和方法，并到比赛中去运用，最终掌握方法并解决比赛中的问题。

2. 技术运用能力

技术运用能力是指运动员在比赛中按照战术的要求，熟练和准确地运用技术动作达到战术目的的能力。竞技项目中，均有技术和战术之分。但是战术都是要通过技术的运用得以实现的。例如，篮球中的快攻战术，必须通过跑动、传球、接球和运球等技术运用环节来完成。技术运用作为战术的影响因素，为战术目的服务。

不同竞技项目对运动员（队）战术能力的要求是不一样的。技战能主导类格斗对抗性项群、同场对抗性项群、隔网对抗性项群对运动员战术能力要求较高，技战术的结合也更加紧密；而体能主导类各项群对运动员的战术能力要求相对较低，技术要求相对比较独立。

3. 身体形态和体能表现能力

身体形态和体能表现能力是指运动员在完成战术行为过程中需要的身体形态和体能以及体能的表现能力。身体形态是某些项目战术实施的前提条件，例如篮球和排球的一些战术方法的实施，队员必须具有一定的身高作保证才能完成。而任何竞技战术的实施过程均需要运动员具有一定的体能作保证，例如各类快攻战术，均要求运动员具有快速的位移速度、动作速度或反应速度等，这些基本的体能能力使得战术行为能够达到预期的目的，战术意图得以实现。

4. 心理能力

心理能力是运动员具有的注意能力、记忆能力、判断能力和思维决策能力的集合，也是战术意识能力的具体表现。当运动员掌握了竞技战术的形式和方法，需要在比赛中加以运用时，心理能力对战术方法的选择、战术运用的效果起到决定性的作用。

在足球比赛中，运动员在有效的射门距离持球时，是选择射门还是选择与同伴配合创造更好的射门机会，取决于运动员对场上形势的观察（注意的能力）、判断（思维的能力）和决策的能力。决策结果而产生的战术行为，直接体现运动员的战术意识水平。决策正确、战术行为效果好，说明运动员战术意识强；反之，则说明战术意识较弱。

二、战术方案的制订

战术方案的制订是赛前战术训练的基础。在制订过程中，首先要考虑充分发挥本方各方面的优势。其次要考虑抑制对方的长处，不让对方发挥其优势。在集体性项目中，要考虑既能充分发挥每个运动员的特点，又有利于发挥具体的最大整体效应。

1. 战术方案的基本内容

（1）战术任务和具体目标。

（2）预测对手的战术意图，包括进攻与防守以及心理等。这个预测是在对对手各方面长处和短处的详细分析后作出的。

（3）确定战术原则。

（4）己方（全队、小组或个人）的战术行动，包括具体的任务分工等。

（5）预测比赛过程中可能发生的情况及应变措施。

（6）适应竞赛环境的措施。

（7）赛前战术训练的安排。

（8）对本方案的保密要求及赛前隐蔽工作。

三、战术方案制定的程序

战术方案制定程序是指在制定战术方案时，根据战术方案的内容而采取的方法、步骤及过程。遵循合理的战术方案制定程序，可以保证战术方案的科学性，可以最大限度地减小盲目性、片面性，降低战术运用中失败的风险，使战术运用更具针对性、有效性。

战术方案制定的程序应该包括以下几个步骤：

1. 根据比赛的任务，确定战术运用的目标

战术运用的目标是指在现有的环境和条件下，应该达到或希望达到的比赛结果。战术目标是战术决策的出发点和归宿。在对应该达到的比赛目标或期望达到的比赛目标进行描述时，应尽量具体、量化，以便与执行情况进行分析和对比。

2. 信息收集和条件分析

在比赛的战术任务、目标被确定之后，教练员要对战术的选择和运用进行条件分析。

战术条件分析的前提是要收集相关信息和资料。

例如，在跳水、体操等表现难美性项目中，对手的动作难度和完成的情况应是信息获取的重要内容，也是影响本方战术安排的重要因素；在田径走跑、速滑等竞速项目中，对手的实力水平应是本方选择战术的重要依据；而在球类项目中，对手的常用战术方法和重点队员的战术手段是本方教练员最为需要的比赛信息。此赛前信息收集的数量和准确程度对本方战术方案的选择与确定，起着至关重要的作用。

3. 拟定战术实施方案

战术实施方案是指为保证比赛目标顺利实现的具体操作方案。在比赛过程中，要解决任何一个问题，都存在多种途径。其中哪条途径有效，要经过比较，所以可以制定各种可供选择的方案。拟定战术实施方案的过程是一个发现、探索的过程，也是淘汰、补充、修订、选取的过程。应当有大胆设想、勇于创新的精神，又要细致冷静、反复测算、精心设计。

4. 战术实施方案的演练

战术实施方案确定以后，就要制定赛前训练计划，对战术方案进行具体的演练。这一过程是对战术实施方案可行性的初步检验，也是参与比赛的运动员进行战术行为的体验和预演。

本节小结

竞技战术指在比赛中为战胜对手或为表现出理想的竞技水平而采取的计谋和行动。

竞技战术由战术观念、战术指导思想、战术意识、战术知识、战术形式、战术行动等构成。

竞技战术按表现特点分类可将其分为阵形战术、体力分配战术、心理战术等。按参加战术行动的人数分类可将其分为个人、小组和集体（全队）战术。按战术的攻防性质分类可分为进攻战术、防守战术、相持战术。按战术的普适性分类可分为常用战术和特殊战术。

战术能力指运动员掌握和运用战术的能力，是运动员（队）竞技能力整体水平的重要构成部分。

竞技战术能力的发展受到运动员所具备的学习能力、技术运用能力、身体形态和体能表现能力，以及心理能力的制约。发展这些能力会对运动员战术能力水平的提高起到促进作用。

战术训练的基本要求：深刻把握项目制胜规律、抓住战术意识培养这一核心环节、着重培养运动员战术运用能力、处理好个人战术行为和集体战术配合的关系、重视战术组合、加强战术创新研究。

思考题

1. 简述战术的分类?
2. 简述竞技战术由那几部分构成?
3. 竞技战术能力发展的制约因素有哪些?
4. 战术训练中如何处理好个人战术和集体战术配合的关系?
5. 战术方案的基础内容是什么?
6. 战术方案制定时如何处理战略决策与战术决策的关系?

第二节　战术与心理的关系及其训练方法

面授内容

一、战术能力与心理能力的关系

运动员的心理能力与其战术能力有着非常密切的关系，它们是相互依存、相互制约、相互促进和相辅相成的。

良好的个性品质和必要的心理技能可以有效地促进运动员进行体能训练和提高技战术水平，同时也是运动员在比赛中正常或超常发挥的前提和保证。众所周知，多血质、黏液质的人比抑制质、胆汁质的人更适合于参加运动训练，并常常在比赛中表现出较高水平。

运动员心理过程的特点同样也对战术行为有着巨大的影响。如1984年奥运会美国跳高运动员斯通斯在每一次试跳前，都要运用想象技能在头脑中演练成功的过杆动作，然后根据想象的动作试跳，使他在比赛中每次都能很好地发挥自己的水平。从另一方面来说，战术能力又是心理能力的载体和物质基础，心理训练必须与战术训练相结合才能取得良好的效果。

二、战术训练的方法

战术训练方法的采用应根据专项比赛的要求，应有利于发挥运动员的身体和技术特长，应能充分调动运动员的主动性和积极性。其主要训练方法如下：

1. 分解与完整训练法

分解战术训练法是指把一个完整的战术组合过程划分为若干个相对独立的部分，然后分部分进行练习的方法。这种训练法常在学习一种新的战术配合形式时采用。其目的在于让运动员掌握某种战术配合的基本步骤。

完整战术训练法是指以完整的方式进行练习战术组合过程的方法。这种方法常在运动员已具备一定的战术知识和战术能力后采用。其目的在于使运动员能流畅地完成整个战术组合过程。

2. 减难与加难训练法

减难训练法是指以低于比赛难度的要求进行训练的方法。这种方法常在战术训练的初始阶段采用。如同场对抗类项群的球类项目中，最初可在消极防守或不加防守的条件下完成战术练习，待运动员已掌握战术的基本步骤后，逐渐加强防守提高难度以达到比赛要求。

加难训练法是指以高于比赛难度的要求进行训练的方法。这种方法的目的是提高运动员在复杂困难的情况下运用战术的能力。采用的方式一般有：限制完成技术动作的空间和时间条件（如限制场地、缩短时间等）；与不属同一级别的高水平运动员或运动队对抗、采用比正式比赛条件更严格、更困难的标准进行训练等。

3. 虚拟现实训练法

虚拟现实训练法指运用高科技设备，将未来可能出现的比赛场景提前在电脑屏幕上“虚拟”出来，从而帮助运动员提高预见能力及在各种情况下灵活有效地运用战术的能力的训练方法。这种方法目前在德国、英格兰等足球队中已运用得较为普遍。可以预计，随着高科技手段在运动训练和运动竞赛中的广泛渗透，虚拟现实训练法也将在更多项目中得到采用。

4. 想象训练法

想象训练法是一种心理学训练方法。这种方法是在运动员大脑内部语言和套语的指导下进行战术表象回忆，能够帮助运动员在大脑中建立丰富而准确的战术运动表象。

5. 程序训练法

程序训练法是近年来从教学领域引进的一种训练法。在运用程序训练法进行制胜训练时，除应遵循由易到难、由简到繁、从固定到变异的一般性程序外，还应特别注意编制不同项群战术训练的特殊程序。

体能主导类项群可考虑采用如下训练程序：不同战术方案选优→重复熟练→不同情况下实施战术训练→在实战条件下进行训练。

技能主导类对抗性项群可考虑采用如下训练程序：无防守训练→消极防守训练→积极

防守训练→模拟比赛训练→实战训练。

6. 模拟训练法

模拟训练法指在获得准确情报信息的基础上，通过与模仿重大比赛中主要对手的主要特征的陪练人员的对练，及通过在与比赛条件相似的环境中的练习，使运动员获得特殊战术能力的一种针对性极强的训练方法。例如，1984 年洛杉矶奥运会前，为适应美国选手海曼和克罗克特的扣球力量，我国女排运动员同男队一起训练；羽毛球、乒乓球中模拟对手，也主要在于模拟其击球的速度、力量、旋转等。

随着运动训练实践的发展，模拟训练方法的应用范围逐渐趋于扩大。不仅在技能主导类格斗对抗、隔网对抗、同场对抗类项群中进行这种训练，在体能主导类项群中，为使运动员能针对比赛场地、气候、日程安排等具体情况进行有效的战术准备，模拟训练也在逐渐开展。

7. 实战法

实战法指在比赛中培养战术能力的方法。这种方法可使运动员对战术的理解更为直接、更为深刻。在参加重大比赛前，往往安排一些邀请赛或热身赛等，其目的之一，就是演练将在重大比赛中使用的战术，以检验其有效性。

例如，中长距离项目的速滑比赛中，要根据自身的特点、体力分配、场上的实际情况，合理而灵活地选择战术方式，决定采用领先滑行或尾随滑行。超越战术是短道速滑战术体系中最常用的战术方法，直接关系到最终的比赛结果，实施超越战术要注意超越的时机要突然，减少超越次数，避免过多消耗体能。

三、心理训练的方法

常用的心理训练方法包括一些心理技能训练方法和意志品质训练方法，如目标设置技能、想象技能、放松技能、注意集中技能的训练方法等。

1. 目标设置技能训练

目标设置和努力实现这些目标的系统计划是改善运动员的自信心和提高运动员竞技能力的一种十分有效的手段。目标设置一直是心理学研究的一项重要内容，而且也是帮助运动员掌握身体和心理技能最常用的方法之一。

（1）表现的目标与结果的目标

确定竞赛表现的目标而不是结果的目标，最理想的是运动员应该设置 100% 在他们控制下的竞赛表现的目标，必须把成功定义为超过他们自己的竞赛目标而不一定是胜过别人的表现。

世界著名的短跑运动员卡尔·刘易斯曾这样说：“我是属于不在乎输赢类型的运动员，我只担心是否发挥了我本来的水平。如果我不能赛出我的水平，我是不会踏上跑道的……

我要去参加预选赛，对付预选赛的各种情况，我很清楚我将如何去做，我只是以我特有的方式去做，我不在乎输赢，因为只要我赛出我自己的水平，输赢也是顺理成章的事。”

（2）挑战性的目标与轻而易举的目标

研究表明，挑战性的目标比中等难度的目标或轻而易举的目标更能导致优异的表现。但是，目标应该有多大程度的挑战性并不是轻易就能确定的。目标不应该太难，以致使运动员不能认真地对待它们，或经过反复努力也不能实现，则会削弱运动员的动机。难度太大的目标会导致运动员得出他们是失败者的结论，威胁到运动员的自我价值。而实现目标的奖励将会强化运动员追求下一次成功的动机，当然其难度又要稍微大一些。

训练指导的艺术之一就是帮助运动员设立能激发运动员最大动机的目标难度，但又不能太难而使他们干脆放弃。

（3）现实的目标与非现实的目标

运动员应该设置表现的目标，而不是结果的目标。但是，当我们一旦置身于激烈的运动竞赛，且竞赛的结果十分重要时，我们就会发现自己主要是集中于取胜，而不是集中于竞赛表现上。运动员出于某种原因，也总是喜欢设置一些非现实的目标。

确定现实的目标的关键是运动员应该知道自己的真实水平，不要把自己的真实水平与他们希望自己应该具有的水平混为一谈。

（4）具体的目标与笼统的目标

过去人们总是建议设置“尽你的最大努力”这样的目标，似乎这是一个最完美的目标。运动员从来就没有超越过这个目标，因为没有人确切知道，他的“最大努力”究竟有多大。它同样也是一个保险的目标，运动员也不会失败，因为他们总是可以说自己已经尽了最大的努力。最大努力是既难给它下一个定义，同时又难以否定的目标，而这种模糊的目标，恰恰是目标设置中的一个缺陷。实际上，它根本就不是一个目标，而是一个目的，是一种运动员可以不断地为之努力的追求。

（5）短期的目标与长期的目标

设置目标时，长期目标与短期目标相结合也是确定挑战性的、现实的和具体的目标的一部分。

通过一系列的短期“目标”，才有可能追求长期的“目的”。虽说运动员具有一个指向未来一年、两年甚至更长期的目的是有意义的，但是确定的目标不能超过一个月。超过这个期限的目标就可能成为不现实的、模糊的，要么是难度太大，要么是轻而易举。生病、受伤、生活中的危机、学习的速度、对仪器的适应性、天气，还有很多其他因素，都会导致长期的目标成为模糊的、无效的目标。

（6）个体的目标与全队的目标

在运动员的目标设置计划中，重点应该是个体的目标而不是全队的目标。全队的目标很可能是模糊的、责任不明的，常常是一些并不完全在全队的控制范围之内的结果的目标。

事实上，在很多情况下，它们根本就不是目标而是长远的目的。更重要的一点是，研究结果表明，如果仅有全队的目标，而没有符合目标设置原则的个体目标作基础，全队的目标是不会有什么效果的。

2. 想象技能训练

想象技能是指运动员利用头脑中已形成的运动表象进行训练的一种技能。在竞技体育运动中，想象的作用主要表现在以下三个方面：帮助运动员获得和练习复杂的动作技能；演练某些特殊的比赛技术和战术；获得其他的心理技能。

因此，想象训练也称为念动训练或意念训练。以下是一次跳高比赛中运动员开始助跑前的特写镜头：一个运动员用脚尖点在他自己助跑的起点标记上，站在那儿，一动也不动。口中却念念有词，一副旁若无人的模样。而周围的观众正焦急地等待着他的起跑，好象等了几个小时一样。当人们问他为什么要花这么长时间来准备助跑时，这位运动员解释说，在他每次试跳之前，他都要尝试首先在想象中看见自己顺利地跃过横杆。

3. 放松技能训练

在参加体育活动时，人们经常遇到的一个问题就是肌肉紧张。由于肌肉总是绷得紧紧的，因而常常就难以完成所要求的技能动作，有时甚至连一些最简单的动作也做得别别扭扭。此外，肌肉的紧张还会导致情绪和心理的紧张，从而不必要地消耗身体和心理能量，长期处于紧张状态，将有损于身心健康。

4. 注意技能训练

注意是指人的心理活动对一定对象的指向和集中。注意是成功地完成技能动作和体验竞赛乐趣的另一个至关重要的心理技能。超级的竞赛表现只有在运动员处于最佳能量区域时才有可能出现，其特点就是注意完全集中在完成动作技能的过程而不是别的任何事物。契克森特米哈依（1975）指出，只有当注意完全集中在完成技能的适宜因素上时，才可能出现情绪饱满自如的状态。

曾获得 9 次世界冠军、4 次奥运会冠军、200 米与 400 米跑世界纪录创造者迈克尔·约翰逊在描述自己比赛过程的注意集中时是这样说的："在竞赛场上我已经学会了斩断所有无关的思绪，我只是专注于比赛。我把注意力集中在跑道、奔跑以及我必须要做的事情上。现场的观众和其他的对手在我的眼前似乎都不存在，赛场上只有我和跑道。"

5. 意志品质训练

意志品质就是能使我们去完成那些几乎不愿意的任务、甚至可能是讨厌的任务的一种品质。例如，在运动训练或竞赛过程中，当我们疲劳或者承受乳酸堆积引起的疼痛时，仍然坚持到底，这就是意志品质的作用。

实践经验表明，那些具有最顽强的意志力的人，即那些能迫使自己克服不利情况（诸如疲乏）而完成任务的人，往往是最能够发掘自己潜能的人。运动竞赛实际上是斗智斗勇，斗智是指技战术水平的交锋，而斗勇则是意志品质的较量。"两强相逢勇者胜"，在其他条件相同的情况下，胜利者将是具有顽强意志品质的人。

自学内容

一、心理训练的内涵

1. 心理能力释义

运动员心理能力即指运动员与训练竞赛有关的个性心理特征，以及依训练竞赛的需要把握和调整心理过程的能力，是运动员竞技能力的重要组成部分。新近的发现显然已经将大脑活动与行为经验之间的密切关系揭示得愈来愈清楚了。科学家可以用轻微的电刺激作用于脑深部特殊区域引起动物和人的情绪反应，如恐怖和愤怒等。人脑中一定区域的电刺激将会产生愉快和痛苦的感觉，甚至会产生过去事件的逼真记忆。

2. 运动员心理训练的内容与特点

运动员超常的心理素质和高超的心理技能并不是先天就有的，而是通过经验、更重要的还是像他们获得体能及技战术能力一样通过系统训练和个人的艰苦努力而形成的。

心理训练与体能训练及技战术训练一样，自身也有极其丰富的内涵。心理训练是以发展运动员的心理能力，为训练和比赛作好心理准备作为其主要目的和任务的。**系统的心理训练可以分为两大部分：其一为基础性心理训练，亦称一般心理训练，旨在发展运动员参加训练和比赛所必须的基本心理素质，包括培养良好的个性品质，发展专项心理素质，掌握各种心理技能等；其二为针对性心理训练，亦称专门心理训练，旨在为某个具体比赛作好心理准备，包括赛前心理动员、赛后进行心理调整，以及针对某些心理障碍进行的心理训练等，各自又包括不同的内容和方法。**

依与训练和比赛的关系，还可将心理训练分为比赛期心理训练及日常心理训练（或称训练期心理训练）两大类。依特定比赛的需要，所进行的有针对性的心理训练叫做赛期心理训练，包括赛前的心理准备、赛中的心理控制以及赛后的心理调整。

例如，2004 年雅典奥运会孙甜甜、李婷获得了女子网球双打冠军。客观讲水平本来就不高，抽签时又碰上了上届奥运会冠军得主一对美国选手：获得这个项目女子双打金牌大威廉姆斯和单打实力非常强的鲁宾。李富荣同志对这两个队员做思想工作，提出："第一场预赛就当作决赛去打，全力以赴的去拼"。进入决赛的时候，李富荣同志又找她们谈话，提出："最后一场决赛你们要当预赛去打，把自己的技术水平发挥出来。"

二、心理训练的注意事项

进行心理训练的过程中必须把握科学性，同时应该注意以下问题，保障心理训练的成效得到充分的体现。

1. 完成由感性认识到理性认识的飞跃

在运动训练的初级阶段或对训练水平较低的运动员，如青少年运动员，勿需进行心理训练。殊不知，运动员在竞赛中尤其是在高水平的激烈竞争中表现出来的某些心理障碍、心理失常、心理失控并不是到高水平的比赛时才产生的，常常是在早期训练或竞赛中未进行或未重视心理训练所留下的隐患。

所以，在青少年训练中，不仅要打好体能、技术和战术训练的基础，而且也要打好心理训练的基础。

2. 变自发使用为自觉运用

不少教练员在自己的训练中也采用过一些方法对运动员进行心理训练，并取得了明显的效果。但大多数还处在根据自己的经验自发地采用心理训练，或遇到问题时才想起进行心理训练。如有些教练员在看到运动员遇到困难时不能坚持下去，缺乏顽强拼搏精神，才意识到要对运动员进行意志品质的训练。

3. 由个别、零散运用变为系统运用

有些教练员和运动员在心理训练方面仅仅作出了一点点努力就想收到惊人的效果，有些运动员只尝试了几次逐渐放松训练、内省训练、想象训练，只上过几次心理课，他们就不干了，因为没有马上出现惊人的成绩、没有收到立竿见影的效果，他们甚至怀疑心理训练的作用；平心而论，所有的教练员都没有希望自己在一个星期内就训练出职业篮球选手，或一个月内训练出世界级的网球运动员，或一年之内训练出奥运冠军，而他们却想经过几次心理训练就产生奇特的效果，这也是一种不现实的希望。也有些教练员对心理训练的理解仅限于像意志品质训练或放松训练等一种或两种具体方法的掌握或应用这样一个狭小的范围。

教练员必须完整理解、全面系统地贯彻对运动员的心理训练，而不是个别、零散地选用，才能收到良好的心理训练的整体效果。

4. 持之以恒，融会贯通，全面发展

教练员和运动员必须认识到心理训练并不是一种速效的兴奋剂，也必须付出艰苦的工作来发展心理技能，心理训练也是一项长期的工作。同时，心理训练与体能及技战术训练是相互依存、相互制约、相互促进的，不能将它们割裂开来，孤立地看待不同的训练，而应该将心理训练与技术、战术及体能训练有机结合，融为一体，全面发展运动员的竞技能力。

运动员心理训练成功与否的关键人物就是教练员，教练员不仅要相信心理训练的价值，还必须像理解自身项目中体能和技战术训练一样理解心理训练。而且，也要乐意使运动员的心理训练成为日常训练计划中一个不可缺少的组成部分，付诸实施。

本节小结

运动员的心理能力与其战术能力有着非常密切的关系，它们是相互依存、相互制约、相互促进和相辅相成的。

战术的训练方法分为：分解与完整训练法、减难与加难训练法、虚拟现实训练法、想象训练法、程序训练法、模拟训练法、实战法。

心理训练可以分为两大部分：其一为基础性心理训练，亦称一般心理训练，旨在发展运动员参加训练和比赛所必须的基本心理素质；其二为针对性心理训练，亦称专门心理训练，旨在为某个具体比赛作好心理准备。

目标设置和努力实现这些目标的系统计划是改善运动员的自信心和提高运动员竞技能力的一种十分有效的手段。

想象技能是指运动员利用头脑中已形成的运动表象进行训练的一种技能。

学会肌肉放松是保持身心健康的有效手段。三种肌肉放松的方法：想象放松法、渐进放松法与自我引导放松法。

注意是指人的心理活动对一定对象的指向和集中。注意是成功地完成技能动作和体验竞赛乐趣的另一个至关重要的心理技能。

思考题

1. 简述运动员心理能力训练的常用方法？
2. 战术训练有哪些方法？
3. 试述心理能力的含义及其重要作用？
4. 简述运动员心理能力与体能、技能及战术能力的关系？
5. 简述短期目标与长期目标的关系？

第八章 运动训练过程的计划与组织

内容提要和学习指导

本章主要介绍运动训练过程的特征及其基本结构，阐述运动训练过程计划的概念，运动训练计划划分的种类与运动训练计划的基本内容。了解运动训练过程状态的诊断，各种训练计划的制定及内容要求。

第一节　运动训练过程与运动训练计划

面授内容

一、运动训练过程的特征

同世界上任何事物一样，运动训练离不开特定的时间和空间，其在时间上的表现，整个训练活动进行的步骤和程序就是运动训练的过程。过程是运动训练的固有属性。

研究运动训练过程，就是要以时间的推移、阶段的传递为线索去描述其结构，有效地组织和实施并力求施以最佳控制。同时还要将运动训练的内容、训练手段和负荷等都与对运动训练过程的描述结合起来，以使训练内容的确定、训练手段的选择和负荷的掌握能够符合运动训练过程进行和发展的固有规律，挖掘运动员潜在先天性竞技能力，在训练中使其得到最大限度的提高，并能在特定的比赛中充分发挥所具备的竞技能力，力求创造更高的运动成绩。

1. 运动训练过程的连续性和阶段性

不论一个训练过程所包含的时间跨度有多大，也不论是多年的运动训练过程，还是周的、课的运动训练过程，它总是连续发生和不断进行的。同时，每一个连续的运动训练过程又都可以被划分为若干个阶段、每个阶段的训练任务、内容、方法、手段以及负荷既彼此相联又具备各自的特点。

运动训练的连续性要求根据人体机能变化的规律和不同专项的需要，不间断地系统地组织实施多年科学的训练，逐步提高运动员的竞技能力，以求达到高度的运动竞技水平。

运动训练过程的阶段性，则为科学地组织运动训练过程提供了重要的理论依据。一个完整的训练过程应有步骤、有次序地组织实施，逐步地、循序渐进地实现预定的训练目标。各种不同的时间跨度的周期安排也正是适应于这种阶段性训练特点的组织艺术。多年训练过程中各个年度的训练，年度训练过程中的准备期、比赛期和过渡期，周训练过程的各次训练课，都是彼此间既紧密相连，又各自具备鲜明的特点，既连续不断又呈阶段性的统一完整的运动训练过程。

2. 运动训练过程的可计划性和可变更性

为了使运动训练过程得以顺利地进行，并能成功地实现预定的目标，必须要制定周密的训练计划。可以说一切完整的训练过程都是有计划地组织实施的。只不过有的很详尽，有的则较为简单；有的计划经过慎重的考虑，制定时具有足够的科学依据，而有的计划则是教练员根据自己的经验所制定的。在训练中应提高制定训练计划的科学性，以求能更好地符合运动训练的基本原则，符合运动员现实状态向目标状态转移的需要，并与训练的客观条件相适应。

但是，训练计划只是对未来训练过程中的一种理论设计，它不可能完全与未来的实践相吻合。由于人体竞技能力的不断变化，以及影响运动训练过程的多方面因素的作用，原定训练计划在实施中的变更是不可避免的。因此，在运动训练实践中必须根据运动员情况的变化，根据各种训练条件的变化而对训练计划予以必要的适时的变更。

运动训练过程的连续性和阶段性以及可计划性和可变更性这两对重要特征，是研究、描述运动训练过程，对运动训练过程进行有效的组织和最佳控制的重要依据。

二、运动训练过程的基本结构

运动训练的核心任务是充分挖掘运动员的竞技潜力，最大限度地提高其竞技能力水平。运动员作为运动训练的主体，任何一个训练过程开始时的竞技能力总是已经处于某一特定状态中。通过运动训练，促使运动员的竞技能力发展到一个新的水平，也就实现了竞技能力状态的定向转移。为了实现这一目标，就必须正确地分析运动训练过程的基本结构，认识运动训练过程的基本特性。尽管不同的运动项目各有特色且对训练有着特定的要求，不同时间跨度运动训练过程，也各有自己不同的组织形式和具体内容，完整的运动训练过程总是有着自己的规律，总是按照一定的结构形式组织起来的。

一个完整的运动训练过程，应该包括运动员起始状态的诊断、训练目标的建立、训练计划的制定、训练活动的实施、训练过程中的检查评定以及训练目标的实现6个基本环节。当运动训练过程的控制者对检查评定结果不满意时，还需提出调整期望，发出修正指令，并反馈给相应的环节，使运动训练过程的进行更加接近理想的状态，直至通过检查评定得到令人满意的结果，最终实现训练目标。

对运动员起始状态的诊断，是运动训练过程的出发点。训练目标的建立也是整个运动训练过程进行的目的，也是检查评定运动训练过程发展的标准。根据运动员的现实状态、所确定的训练目标以及训练的条件等因素制定的运动训练计划，是对整个运动训练的过程和实现状态转移的通路所预先做出的理论设计。通过训练计划的实施，将这一预先做出的理论设计付诸实践，并对其进行检验；通过若干特定指标的测定对训练的效果进行检查评定，并将评定的结果与训练的目标进行比较，找出差异，据以对相应的环节进行必要的调整与修正，以使运动训练获得满意的效果，实现预定的训练目标。

三、运动训练计划概述

运动训练计划就是在运动训练过程开始之前对训练活动预先做出的一种理论设计，在状态诊断的基础之上，为实现训练目标而选择的通路。训练计划是把训练目标具体细化为若干个紧密联系的训练任务，可以使得训练活动的全体参加者统一认识和行动，从而可以有效地控制运动训练过程。运动训练计划的制定与实施，是运动训练过程的中心环节，贯穿训练实践活动始终。

自学内容

一、运动训练计划的分类

根据不同的分类标准，可以把运动训练计划分成不同的类别。例如，按照运动训练计划时间跨度的大小、训练的不同任务、训练所处的不同阶段或不同的训练内容等。

1．按在训练过程中所处的不同阶段分类

按照运动训练计划时间跨度的大小，可将其分为多年训练计划、年度训练计划、大周期训练计划、周训练计划和课训练计划等（表8－1）。

表8－1　运动训练计划的分类及任务

训练计划类型		时间跨度	基本任务
多年训练计划	全程性	10～20年	系统培养高水平选手
	区间性	2～6年	完成阶段性训练任务或准备参加一轮比赛
年度训练计划	单周期	6～12个月	准备并参加1次或1组重要比赛
	双周期	每个周期4～8个月	准备并参加2次或2组重要比赛
	多周期	各周期2.5～5个月	准备并参加3次或3组以上重要比赛
大周期训练计划	准备期	5～20周	提高竞技能力，促进竞技状态的发展与提高
	比赛期	3～20周	发展稳定的竞技状态，为参赛创造好成绩
	恢复期	1～4周	积极恢复，消除心理与生理疲劳

续表

训练计划类型		时间跨度	基本任务
周训练计划	基本训练周	4～10 天或 3～20 次课	使运动员掌握和熟练专项技战术，提高运动员的多种竞技能力
	赛前训练周		适应比赛的要求和条件，把各种专项竞技能力集中到专项竞技中去
	比赛周		培养理想的竞技状态，并参加比赛，力求实现预期的目标
	赛间训练周		消除赛后生理、心理上的疲劳，促进恢复，针对性的技战术训练，完成后续的比赛
	恢复周		消除运动员生理和心理的疲劳，促进超量恢复的出现，激发训练动机
课训练计划	综合训练课	0.5～4 小时	综合完成多项训练任务
	单一训练课		集中完成一项训练任务

（引自：田麦久．运动训练学．人民体育出版社．2012 年）

2. 按训练对象的人数分类

根据参加训练人数的不同，应分别制定个人训练计划和队（组）训练计划。一般来说，个人项目常以个人训练计划为主。随着运动员竞技能力的发展，训练计划的个人特点也就越来越明显。在此基础上，适当地组织机体训练有助于提高运动员的兴趣和训练的效果。集体项目的训练通常是按队（组）计划组织实施，但需要补充个人训练计划；运动员水平越高，其作用就显得更重要。

3. 按训练任务和内容分类

运动训练任务对运动员成绩的影响主要有两个：一是发展运动员的竞技能力；二是培养运动员在特定比赛中充分表现已获得的竞技能力。因此，在训练中要相应地制定两类训练计划。一类计划主要着眼于改善人体的形态和各系统的机能，发展运动员的力量、速度、耐力和柔韧等素质，提高技术、战术、心理和智力等各个方面能力的训练计划；另一类则包括各种模拟训练、热身赛训练以及赛前训练计划，其目的是培养学生运动员的竞技状态。

二、运动训练计划的基本内容和基本部分

1. 运动训练计划的基本内容

不同类型的训练计划各有特定的要求，在内容上也各有侧重，但不同时间跨度的运动训练过程其基本结构是一样的。因此，**不同类型的运动训练计划其基本点是相同的，一般包括以下十个内容：（1）运动员起始状态诊断；（2）确定训练目标；（3）计划训练阶段，提出各训练阶段的主要任务；（4）确定实现目标的基本对策；（5）安排比赛序列；（6）规划训练负荷的动态变化趋势；（7）选择方法与手段；（8）确定各手段、练习的负荷要求；（9）制定恢复措施；（10）规划检查评定训练效果的内容、时间和标准。**

2. 运动训练计划的基本部分

根据以上十项基本内容，可以将运动训练过程归结为准备部分、指导部分、实施部分和控制部分。

（1）准备部分

训练计划的准备部分主要包括对运动员训练起始状态的诊断和建立训练目标。这两项工作既是运动训练过程中与训练计划的制定并列的两个独立的重要环节，又是训练计划中不可缺少的重要组成部分，为训练计划的制定提供必要的信息和依据。

（2）指导部分

在训练计划的总体中，指导部分属于全局性的整体决策，是与训练目标具有同等重要意义的内容。训练计划中的指导部分包括划分训练阶段和确定各阶段训练任务。

（3）实施部分

这一部分涉及到训练的具体手段和手段负荷的大小，用于训练活动的具体组织，需要更多的考虑运动项目的竞技特性和运动员的个人特点。在制定训练计划时，教练员一般对于训练手段的选择和训练负荷的确定考虑得很多、很细，而忽略制定相应的训练恢复措施。

（4）控制部分

近年来，运动训练的控制问题日益受到教练员高度的重视。要想对运动训练过程实施有效的控制，首先必须通过有计划的检查评定，客观而可靠的训练诊断，及时、准确、全面地收集运动训练过程中的有关信息。

思考题

1. 运动训练过程有哪些基本特征？
2. 试述运动训练过程的基本结构。
3. 什么是运动训练计划？
4. 简述运动训练的分类。
5. 运动训练计划的基本部分有哪些？

第二节　运动员多年训练计划的制定与实施

面授内容

一、运动员的多年训练过程

1. 制定多年训练计划的必要性

（1）运动员竞技能力状态转移长期性的要求：构成运动员竞技能力的各个方面，无论是体能、技能和战能，还是心理能力和运动智能，都需要经过长时间的训练才能得到明显的改善和提高。

运动员体能水平的提高，要以各系统机能的提高为基础。表现于各项运动素质的高度发展，这种生物适应机制要通过有机体逐个细胞成分的改变和代谢能力的提高这一缓促过程才能实现。例如，要提高运动员的有氧耐力，必须系统组织有氧训练，使其心腔容积、心肌厚度及心肌收缩力量逐渐增大，促进其肌肉组织的毛细血管化，进而改善运动员的有氧代谢能力，提高肌肉的力量耐力和支撑运动器官的负荷能力。对这一训练过程，需要认真地做出规划，在训练内容、手段、运动负荷安排等各方面保持必要的连续性，这样才能保证发展有氧耐力这一目标的实现。

（2）运动员竞技能力状态转移阶段性的要求：在多年训练过程中，人体生长发育的序列性特征决定了运动员竞技能力各要素有其不同的适宜发展阶段，而构成运动员竞技能力的体能、技术、战术、心理等要素之间的内部结构上的空间层次性也决定了竞技能力各部分的发展具有时间上的序列性。由此，竞技能力状态转移的阶段性特质就决定了运动训练过程的阶段性，决定了运动员竞技能力状态转移的完整过程是由若干个彼此相连的不同阶段组成的，各个阶段有着各自特定的核心训练任务、关键训练内容、训练负荷要求等，并在总体上实现协调发展以保证训练过程的整体连续性。

例如，在跳远运动员的多年训练中，应该首先着重发展身体素质，还是基本技术；在身体素质训练中，应首先发展速度素质，还是耐力素质或者力量素质；在技术训练中，如何安排技术训练的合理程序，有步骤地拿捏不同的动作环节，逐步完善动作技术细节；在多年训练过程的不同阶段，运动负荷安排的总体趋向；周训练课次及课时的变化等，这些问题都要求有一个多年训练计划予以科学的回答。

（3）运动员先天遗传性竞技能力与后天获得性竞技能力最佳组合的要求：运动员的竞技能力，一般由先天性遗传和后天性训练与生活途径获得（图 8－1）。

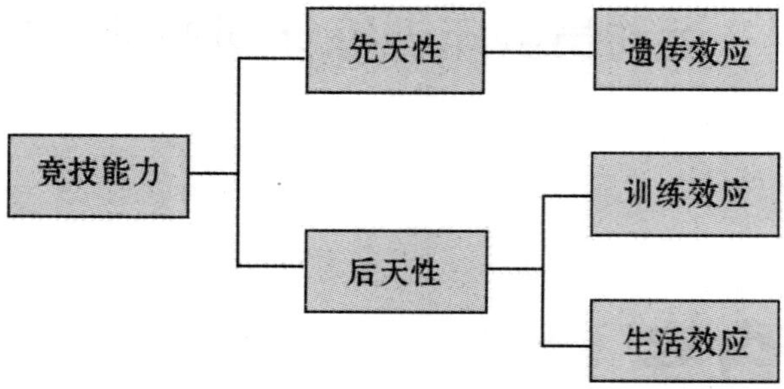

图 8－1　运动员竞技能力的获得途径

（引自：李志勇．运动训练学．山东大学出版社．2001 年）

运动员先天遗传性竞技能力是随着人本的生长发育所表现出的不同的水平，而后天获得性竞技能力则是随训练过程的推进而变化。要取得优异的运动成绩，二者缺一不可。所以，科学的多年训练过程始终把实现二者的最佳组合作为自己的行为目标。最理想的多年训练组合是，当运动员处于最适宜的专项竞技阶段时，应该在该专项的技能、体能、战术能力、心理能力等各方面接受了足够的专门训练，使其获得充分的发展。当运动员处于两类竞技能力最佳组合状态时，就具备了在专项比赛中表现出高度竞技水平的最佳主观条件。

2. 多年训练过程的两个层次和四个阶段

（1）*两个层次*

从运动员开始训练到停止竞技训练活动的完整过程通常持续十几年甚至更长，持续两年以上的训练均属于多年训练。从时间的角度可以把运动员的多年训练分为两个层次，即全程性多年训练和区间性多年训练（表 8－2）。

表8－2 多年训练过程的两个层次及基本任务

层次	时间/年	基本任务
全程性	10～20	系统培养高水平选手
区间性	2～6	完成阶段性训练任务或准备参加一轮比赛

（引自：田麦久．运动训练学．人民体育出版社．2012年）

（2）四个阶段

运动训练具有连续性与阶段性的特点，在对多年训练过程进行系统设计时，必须充分重视训练连续性与阶段性的辩证统一。因此，对于长达数年甚至十几年的训练过程进行合理的阶段划分，是一项非常重要的工作。多年来，国内外学者从一般训练、项群训练和专项训练三个层面，对运动员多年训练的阶段划分问题进行了研究，得出的结论虽有所差别，但是基本上都体现了“早期启蒙—打好基础—全面提高—实现最佳—保持水平—终止生涯”的基本构架，对于运动训练阶段性的认识是基本一致的。在充分考虑不同项群特点的基础上，系统地提出了以最佳竞技阶段为核心的、运动训练全过程的4阶段模式（表8－3）。

表8－3 全程性多年训练过程的阶段划分

阶段	主要任务	年限
基础训练	发展一般运动能力	3～5
专项提高	提高专项竞技能力	4～6
最佳竞技	创造最佳优异成绩	4～8
竞技保持	努力保持专项竞技水平	2～5

（引自：田麦久．运动训练学．人民体育出版社．2012年）

运动员的全程性多年训练通常包括基础训练阶段、专项提高阶段、最佳竞技阶段以及竞技保持阶段。由于各个阶段有着不同的训练任务和训练内容，因此对运动负荷的安排也有不同的要求。不言而喻，最佳竞技阶段是最重要的核心阶段，在这一阶段中，运动员所表现出来竞技水平的高低，可以看作是对运动员多年训练成果的主要评价；基础训练阶段和专项提高阶段的整个安排和要求，都应服从于完成最佳竞技阶段的训练任务：而竞技保持阶段则可视为最佳竞技阶段的延续。

二、全程多年训练计划

1. 全程多年训练过程的年龄特征

运动员生理、心理机能发育的自然规律，及在训练负荷影响下生物适应状态的发展变化规律，决定了大多数优秀运动员的多年训练过程具有明显的年龄特征。为了顺利培养出世界水平的优秀选手，不同项目对运动员开始参加训练的年龄、进入专项训练的年龄、保持最佳竞技水平的年龄以及竞技能力开始下降的年龄，都有某些特定的要求，但核心的问题均在于保持最佳竞技水平的年龄阶段。在其适宜的年龄阶段，使运动员处于最佳竞技水平，创造出优异的运动成绩是运动训练的终极目标，也是决定整个运动训练过程年龄特征的主要依据。

2. 全程多年训练过程的内容与负荷安排

在多年训练过程中，训练的主要内容根据训练阶段的不同而表现出不同的特点。基础训练阶段主要发展运动员的一般运动能力，训练内容首先是协调能力和基本技术；专项提高阶段和最佳竞技阶段，首先要发展决定专项竞技能力的首要因素，体能主导类项目主要是专项运动素质，技能主导类项目主要是专项技战术；在竞技保持阶段，则需要把运动员心理稳定性的保持和提高放在训练的首位，延长运动员竞技寿命。

运动员竞技能力的要素在各个训练阶段中的作用和比重是不同的。以技能主导类表现难美性项群为例，运动员的基本动作贯穿于多年训练的始终；但在基础训练阶段和专项提高阶段的训练中所占的比值有较大的差别。因此，在运动员从基础训练阶段转入专项提高阶段时，一定要保证基本功训练，力求实现两个阶段的紧密衔接，使运动员打下扎实的基本功，顺利进人下一个训练阶段，为竞技发展提供了重要的动力源泉。

全程性多年训练过程中的训练负荷也有着明显的阶段特征，训练负荷的量和强度随训练阶段的不同也表现出有规律的变化。从对周训练次数的比较中可以看出，由基础训练阶段到专项提高阶段，周训练的课次是增加的；而由最佳竞技发展阶段转入竞技保持阶段，周训练的课次则逐渐减少。举重运动员的多年训练安排就体现了这个趋势，无论是训练天数还是训练时数都有所变化（表 8 -4）。

表 8 -4　举重运动员多年训练参数对比表

训练阶段	基础训练阶段	专项提高阶段	最佳竞技阶段	竞技保持阶段
全年训练天数	224	260	280	300
月训练天数	20	24	26	26
全年训练次数	224	370	420	450
全年训练总时数	224 - 336	555 - 740	840 - 1050	900 - 1125

（引自：杨素冠．优秀举重运动员全程性多年训练的阶段性特征．北京体育大学学报．2004 年）

3. 全程性多年训练目标的系统设定

运动员竞技发展全过程的终极目标是创造优异的运动成绩，全部训练活动都是围绕着运动员竞技能力的持续发展开展的。全程性多年训练过程的几个阶段围绕着这个核心目标分别承担着一定的训练任务，从基础训练阶段的全面发展、打好基础，到专项提高阶段的提高竞技能力，进而在最佳竞技阶段对竞技能力进行整合、达到最佳状态并获得优异的比赛成绩，乃至最后在高水平保持阶段延长竞技寿命直到最后退役（表8－5）。

表8－5　全程性多年训练过程的规划

<table>
<tr><th rowspan="2">训练阶段</th><th rowspan="2">主要任务</th><th colspan="2">训练的重点内容及顺序</th><th rowspan="2">负荷特点</th></tr>
<tr><th>体能主导类项目</th><th>技能主导类项目</th></tr>
<tr><td>基础训练阶段</td><td>发展多种运动能力</td><td colspan="2">1. 协调能力，基本运动能力
2. 多项基本技术
3. 一般心理品质
4. 基本运动素质</td><td>循序渐进
留有余地</td></tr>
<tr><td>专项提高阶段</td><td>提高专项竞技能力</td><td rowspan="2">1. 专项运动素质
2. 专项技战术
3. 专项心理品质
4. 训练理论知识</td><td rowspan="2">1. 专项技战术
2. 专项运动素质
3. 专项心理品质
4. 训练理论知识</td><td>逐年增加
逼近极限</td></tr>
<tr><td>最佳竞技阶段</td><td>创造专项优异成绩</td><td>在高水平
区间起伏</td></tr>
<tr><td>高水平保持阶段</td><td>努力保持专项竞技水平</td><td>1. 心理稳定性
2. 专项技、战术
3. 专项运动素质
4. 训练理论知识</td><td>1. 心理稳定性
2. 专项运动素质
3. 专项技、战术
4. 训练理论知识</td><td>保持强度
明显减量</td></tr>
</table>

（引自：田麦久．运动训练学．人民体育出版社．2012年）

自学内容

一、基础训练阶段的区间性多年训练计划

多年训练全过程中的每一个特定的时间区域，都构成一个区间。对两年以上的一个特定时间的训练过程设计，就称作区间性多年训练计划。

1. 训练任务与基本内容

运动训练是一个长期的发展过程，运动员的专项竞技能力建立在一般运动能力的基础之上。在基础训练过程中，基本任务是发展运动员的多种运动能力。在这一阶段的训练

中，首先要发展运动员的协调能力及基本运动技能，学习和掌握多种运动项目的基本技术。通过这些练习和参加初级的比赛，培养运动员的一般心理品质，并相应地发展基本运动素质。

2. 负荷特征与竞赛安排

训练负荷是运动训练中最基本、最活跃的因素之一，贯穿运动训练的整个过程。运动员的形态、机能、素质的改善，技术的掌握与完善，战术配合的熟练等，都需要在有节奏的递增负荷刺激下才能实现。基于有机体的生物适应性，基础训练的负荷安排要充分考虑少年儿童运动员有机体的承受能力，通过施加比例适宜的训练负荷，促使运动员各种能力产生定向性变化。

在基础训练阶段，安排少年儿童运动员的训练负荷时，必须严格遵循循序渐进的原则，使有机体通过“增加负荷—适应——再增加—再适应”的过程逐步产生新的生物适应现象，进而有效地提高运动员的竞技能力。但是，由于少年儿童运动员还处于身体发育的过程中，身体承受负荷的能力还比较差，过度的负荷会对他们的内脏器官以及支撑运动器官造成严重的损害，以至葬送他们的运动前程。根据我国的具体条件和儿童训练的组织方式，对于一般基础训练阶段儿童，以一周 2 ~4 次训练，每次 1 ~1. 5 小时为宜；对于进人专项基础训练阶段的儿童少年，则以一周训练 4 ~6 次，每次 1 ~2 小时为宜。

二、专项提高阶段的区间性多年训练计划

1. 基本特征与训练任务

运动员在成功地接受了 3 ~5 年的基础训练之后，体操、跳水、花样滑冰等“少年”项目运动员通常从 10 ~12 岁起，“成人”项目运动员从 14 ~16 岁起，便进入了专项提高阶段，致力于专项竞技能力的发展与提高。这一阶段通常延续 4 ~6 年。一般情况下，经过系统的 4 ~6 年的专项训练，可以使运动员的体能得到较充分的发展，熟练地掌握专项运动技术，并培养出适应激烈比赛所必需的心理品质，开始进入最佳竞技阶段。

在前期训练的基础上，专项提高阶段中，运动员首先要努力发展决定专项竞技能力的主导因素。对于田径、游泳、举重、自行车等体能主导类项目，首先发展专项运动素质，同时要不断完善专项运动技术；对于体操、跳水等技能主导类项目，首先要发展运动员的技术水平，进一步打好全面的技术基础，同时要继续增强运动素质；而对于射击、射箭等技心能主导类项目，以及击创、拳击、排球、篮球等技战能主导类项目，除了技术之外，心理能力和战术能力也是训练中必须重点发展的竞技能力要素。

2. 负荷特征与竞赛安排

进入专项提高阶段的训练，运动员已经具备了基本的身体能力，可以承受较大的专项训练负荷。优秀运动员的训练经历告诉我们，确定适宜的多年负荷节奏具有战略性意义，

对运动员的长期发展至关重要。对此，要紧密结合专项特征和运动员的个性特点，有些运动员的训练负荷逐年提高，有些则应波浪式的发展。而对于比赛的安排，同样需要根据运动员能力的发展节奏，与训练负荷的安排相统一，保证运动员阶段训练的全面发展。

三、最佳竞技阶段的区间性多年训练计划

1. 基本特征与训练任务

最佳竞技阶段是运动员最重要的训练阶段，要参加各种重大的比赛，竞技生涯的优异成绩基本上都是在这个阶段取得的。网球明星博格（瑞典）、皮划艇运动员费舍尔（德国）、羽毛球运动员张宁（中国）等许多著名运动员的运动生涯，都表明优秀运动员的最佳竞技阶段一般可延续4～8年，有的甚至更长。

最佳竞技阶段的训练通常是以准备和参加重大比赛来规划和实施的。所以，运动员训练的核心更加集中于专项竞技能力的主导要素，同时加强竞技能力的全面发展；在此基础上，还要注意完善运动员对于项目发展规律的认识，提高参赛能力，从而更好地完成各种比赛任务。由于多数重大比赛的举办均以4年为一个周期，区间性多年性训练计划也常以4年为单位，进而又分成若干个年度训练计划。

2. 负荷特征与竞赛安排

运动员进入最佳竞技阶段之后，由于多年承受高度负荷和高水平激烈竞赛的影响，也常常由于伤病的积累，在这一阶段训练中，要特别注意细致地安排训练负荷。负荷通常呈波浪形，有张有弛，保持明显的节奏，从而保证运动员理想的竞技状态。为此，需要结合专项训练的关键环节，对训练负荷进行全面的监控和评价。

四、高水平保持阶段的区间多年训练计划

运动员度过自己的最佳竞技年龄区间之后，体能开始下降，心理产生疲劳感，对参加竞技比赛、创造优异成绩的激情下降，甚至产生冷漠感，加上训练伤病的积累，以及某些社会因素的影响，使运动员会产生退出竞技舞台的愿望。而实际上，这个时期运动员的竞技水平仍然保持了相当高的水平，仍然能够继续在比赛中取得好的成绩，继续为国家或本地区争得荣誉，激发和帮助年轻运动员尽快地成长。

在现代竞技体育领域中，各国体育界人士日益重视竞技保持阶段的组织和训练。在这一阶段，首先要努力保持和提高运动员的心理稳定性，激励他们继续参加训练、比赛和力求创造优异成绩的进取动机，并应根据专项竞技的需要，安排相应的素质训练和技术训练，延缓运动员竞技能力的消退，并力求获得局部的提高。同时还应该加强训练理论的学习，充分利用自己丰富的实践经验和所学的理论知识，有效地参加运动训练和竞赛，延长自己的竞技寿命。在高水平竞技保持阶段，运动员训练的负荷通常低于专项提高阶段和最

佳竞技阶段。运动员更多地按照自我的实际情况，灵活地掌握和控制训练过程。

本节小结

运动员竞技能力状态转移长期性的要求：构成运动员竞技能力的各个方面，无论是体能、技能和战能，还是心理能力和运动智能，都需要经过长时间的训练才能得到明显的改善和提高。

多年训练过程的两个层次：全程性多年训练和区间性多年训练；四个阶段：基础训练阶段、专项提高阶段、最佳竞技阶段、竞技保持阶段。

基础训练阶段主要发展运动员的一般运动能力，训练内容首先是协调能力和基本技术；专项提高阶段和最佳竞技阶段，首先要发展决定专项竞技能力的首要因素，体能主导类项目主要是专项运动素质，技能主导类项目主要是专项技战术；在竞技保持阶段，则需要把运动员心理稳定性的保持和提高放在训练的首位，延长运动员竞技寿命。

多年训练全过程中的每一个特定的时间区域，都构成一个区间。对2年以上的一个特定时间的训练过程设计，就称作区间性多年训练计划。

思考题

1. 为什么要制定多年训练计划?
2. 全程多年训练过程的内容与负荷应怎样安排?
3. 试根据自己专项制定一个儿童青少年的基础训练阶段多年训练计划?
4. 简述全程性多年训练计划与区间性多年训练计划的区别。

第三节　运动员年度训练的计划与组织

面授内容

一、比赛的分类及年度训练计划的类型

1. 比赛的分类

按主要目的可将比赛分为竞技性比赛、训练性比赛、检查性比赛和适应性比赛四种基本类型（表8－6）。

表8－6　比赛的分类及其训练学特征

类别	主要任务	安排
竞技性比赛	创造理想的成绩，实现训练目标。	每个大周期1～2次主要比赛
训练性比赛	在比赛条件下，培养和发展运动员专项所需要的某种能力或综合能力。	多用于准备时期后期及比赛时期前期
检查性比赛	检查技术掌握的熟练程度与稳定性水平、专项素质发展情况、阵容安排的适宜度、战术设计的价值与配合的默契程度。	多用于重大比赛前
适应性比赛	提高运动员对重要比赛的场地、气候、对手、观众及裁判等各方面条件的适应能力。	多用于重大比赛前

（引自：田麦久．运动训练学．人民体育出版社．2012年）

（1）竞技性比赛

这是全年训练最重要的比赛活动，一般全年以2～4次为宜。在一个训练的大周期内，安排主要比赛最多两次，时间亦以相对集中为好，以便于合理设计训练计划，使运动员在预定的一段时间内处于理想的竞技状态，能连续参加一系列比赛，创造优异成绩。

（2）训练性比赛

有经验的教练员常常将某些比赛作为一种基本手段进行实战训练，以便在比赛条件下培养运动员专项所需要的综合能力或提高训练强度，这些比赛通常称为训练性比赛。训练

性比赛在准备期就可以适当安排。

(3) 检查性比赛

此类比赛的目的是检查运动员竞技能力的发展水平。为了检查阵容安排的适宜度，可安排集体球队在进行调整、组织性的阵容之后，在一些特定的比赛中，对阵容组成的各种方案进行评定和比较，以选择确定最佳助力阵容，并对各种情况下的后备阵容进行演练，检查战术设计的应用价值和战术配合的熟练程度。

(4) 适应性比赛

为了能使运动员对重大比赛做好准备，常在主要的比赛之前安排一系列适应性比赛，亦称热身赛。通过这些比赛，提高运动员对未来参赛的场地、气候、对手、观众及裁判等各方面条件的适应能力。适应性比赛的时间不应与主要比赛相隔过远，而且应连续进行，以求获得理想的适应效果。

2. 年度训练计划的类型

训练大周期是构成年度训练计划过程的基本单元。训练大周期是以参加重要比赛获得满意成绩为目标，以运动员竞技状态发展过程的阶段性特征为主要依据而确定和划分的。运动员的竞技状态在一个训练大周期内经历着发展与提高、良好状态保持以及下降调节三个阶段，是运动员体能、技能、心理、战术能力与知识运用能力等多方面竞技子能力的有机组合。**与运动员竞技状态的提高、保持和下降三个阶段相对应，分别组织准备时期（或称训练期）、比赛时期（或称竞赛期）和恢复时期（或称过渡期）的训练，并把这一循环称之为一个训练的大周期**（表8－7）。

表8－7　竞技状态的阶段性发展与大周期划分

竞技状态发展过程	生物学基础	训练任务	训练时期
提高	适应性机制： 机体对外界刺激的适应性现象	提高竞技能力，促进竞技状态的发展与提高	准备时期
保持	动员性机制： 心理/生理能力被释放动员，各系统高度协调	发展稳定的竞技状态，参赛创造好成绩	比赛时期
下降	保护性机制： 机体自动停止积极的应激反应	积极恢复，消除心理与生理疲劳	恢复时期

（引自：田麦久．运动训练学．人民体育出版社．2012年）

年度训练周期中所包含的大周期数量的多少，是反映年度训练周期结构特征的主要内容。通常有单周期（包括单周期双高峰）、双周期和多周期等不同类型。不同的年度训练计划结构类型有着不同的总体规划、不同的比赛系列和不同的训练安排，分别适用于不同训练水平和不同专项的运动员。

二、不同类型年度训练计划的安排特点

1. 年度单周期

全年训练按一个完整的大周期组织实施，称为年度单周期安排。采用全年单周期安排主要使用于具有以下特点的运动项目：

（1）需要长达4~6个月的时间才能做好充分准备或取得显著训练效应的项目。如马拉松跑、十项全能和现代五项等。

（2）受气候条件的限制，每年只能在集中的几个月内参加比赛的项目。如越野滑雪、跳台滑雪及速度滑冰等室外冬季项目。

在年度单周期训练计划中，全年只有一个比赛阶段，运动员为一次或一组重大比赛做好准备，只实现一次竞技状态高峰。

2. 年度双周期

全年训练按两个完整的大周期组织实施，称为双周期安排。它包括两个准备时期、两个比赛时期和一或两个恢复时期。在现代运动训练中，双周期安排是一种常用的年度训练安排模式。许多项目的运动员可用2~3个月的时间做准备，使总体竞技能力或竞技能力的某一方面（某一特定的素质、技术或战术）发生明显的改变；并在1.5~2个月的时间内，参加一系列的比赛，把所获得的竞技能力集中到专项需要的方向上去，在适宜的主客观条件下，把已具有的竞技能力充分地表现出来；再加上0.5~1个月的恢复期，总共需5~7个月的时间完成一个大周期的训练过程。因此，一年便可安排两个训练大周期。

3. 年度多周期

按三个以上大周期组织全年训练的过程，称为多周期训练安排。实施多周期安排的基本条件是，运动员能在3~4个月的时间内，有效地提高或保持竞技能力水平，并在比赛中充分地表现出来，把提高或保持的竞技能力转化为运动成绩。

年度采用三周期训练计划模式，应当有计划地力求使全年最重要的比赛出现在最后一个周期。在全年三个准备期中，第一个准备期持续时间应当最长。因为，在这一阶段所打下的体能基础将一直影响到以后的两个周期。而且，在第一个准备期，训练的负荷量可以达到最高，与后两个准备期相比，第一准备期中负荷量的增加显得尤其重要。

自学内容

一、优秀选手比赛次数的控制

必要数量的比赛，是运动员充分表现其竞技水平、创造优异运动成绩必不可少的重要条件，但过多的比赛也会导致运动员心理上和生理上过于疲劳。优秀选手在安排比赛时应注意有所选择、有所取舍，既保证必要的比赛次数，更要确保在重大比赛中处于最佳的竞技状态。

表8－8收集到的各项群奥运会冠军或项目第一名运动员（队）年度参赛次数，基本反映了各项群世界优秀运动员年度参赛次数的发展趋势，可供我们在安排年度参赛时参考。

表8－8　不同项群奥运会冠军或项目排名第一名运动员（队）年度参赛次数举例

项群	速度性	力量性	耐力性	难美性	准确性	集体对抗	个人隔网	格斗
运动员（队）	Jones	Kostadinova	Szahbo	田亮	陶璐娜	湖人队	Hewitt	陈中
参赛次数	25	20	13	10	6	98	26	4
出场次数		43	29	18				7

（引自：郑晓鸿．高水平运动员年度周期时间结构的项群特征．武汉体育学院学报．2003年）

各项群运动员年度参赛此时虽然各不相同，但是，适宜的比赛次数能保证运动员在比赛中保持良好的竞技状态，特别是重大比赛中创造出最佳运动成绩这一点却是相同的。年度参赛安排可以参考如下建议：

（1）年度最重要比赛一般只有一次，所有其他的参赛安排都应围绕这一最重要比赛进行。

（2）年度参赛安排的顺序从参赛强度和困难程度而言，应尽可能是逐渐增加的，以便于运动员循序渐进地在年度最重要的比赛中形成最佳的竞技状态，创造最佳的运动成绩。

（3）过多的参赛次数将会影响到训练与比赛安排的平衡与协调，这样势必会导致运动员的体能水平及心理能力水平的下降。

因此，在年度训练计划的设计过程中，一定要将比赛安排作为训练计划的一部分去整体考虑，应将所有比赛按重要程度及其性质的不同纳入训练计划的考虑之中，合理分期、有效调整，使运动员在重大比赛中形成和保持理想的竞技状态。

二、年度训练计划周期类型的选择

在年度训练计划过程中，不同训练水平、不同项目的运动员应根据实际情况选择适宜的年度训练计划周期类型。

1. 不同训练水平的运动员年度训练计划周期类型的选择

（1）对于初学者和青少年运动员而言，选择年度单周期的训练计划模式是较为适宜的。因为，年度单周期模式中，较长的准备期能够允许教练员和运动员有足够的时间集中精力对运动员的技能和体能进行训练，从而为其成长打下坚实的体能和技能基础。

（2）对于处于竞技提高阶段的运动员而言，可以适当选择双周期作为年度训练计划模式，但是，在实际安排过程中，应尽量使第一个准备期有足够长的持续时间，使运动员能够有充足的时间进行专项基础训练。

（3）对于处于最佳竞技阶段和高水平保持阶段的运动员来说，可选择年度三周期和多周期的训练计划模式。因为，他们已经具备了坚实的专项基础能力和丰富的比赛经验，这些足以使他们在全年训练计划和比赛中，多次表现出良好的竞技状态。

2. 不同项群的运动员年度训练计划周期类型的选择

（1）技能主导类表现难美性项群、技心能主导类表现准确性项群、技战能主导类格斗对抗性项群、技战能主导类个人隔网对抗性项群运动员年度训练计划安排中可采用双周期或多周期模式。

（2）技战能主导类集体对抗性项群年度训练安排多以单周期模式为主体，同时可根据不同的参赛任务及组队需要，相应安排附加的微缩大周期或中周期。

（3）体能主导类各项群年度训练计划安排中，依不同的参赛目的，可采用单或双周期模式，亦可采用多周期模式。采用单或双周期模式的训练安排，通常有助于运动员在年度最主要的比赛中创造理想的运动成绩；采用多周期模式的训练安排，通常有助于运动员在多次比赛中有良好的竞技表现。

本节小结

按主要目的可将比赛分为竞技性比赛、训练性比赛、检查性比赛和适应性比赛四种基本类型。

运动员的竞技状态在一个训练大周期内经历着发展与提高、良好状态保持以及下降调节三个阶段，与运动员竞技状态的提高、保持和下降三个阶段相对应，分别是准备时期（或称训练期）、比赛时期（或称竞赛期）和恢复时期（或称过渡期）。

年度训练周期中所包含的通常有单周期（包括单周期双高峰）、双周期和多周期等不同类型；全年训练按一个完整的大周期组织实施，称为年度单周期安排；全年训练按两个完整的大周期组织实施，称为双周期安排，包括两个准备时期、两个比赛时期和一或两个恢复时期；按三个以上大周期组织全年训练的过程，称为多周期训练安排。

思考题

1. 简述比赛的分类及其训练学特征。
2. 简述竞技状态的阶段性发展与大周期划分。
3. 年度训练计划包括哪几种类型？
4. 如何选择年度训练计划周期的类型？

第四节　周课训练计划的制定与实施

面授内容

一、周的训练计划的分类

周训练是组织训练活动极为重要的基本单位。运动训练周期安排学说中的“小周期”也基本上持续一周时间。**根据训练任务及内容的不同，可把周的训练分为基本训练周、赛前训练周、比赛周、赛间训练周以及恢复周 5 种基本类型**（表 8－9）。为适应不同任务而制定的各种相应的周训练计划，也表现出明显不同的负荷变化特点。

表 8－9　不同训练周型及其主要任务

周型	主要训练任务
基本训练周	通过特定的程序和反复练习使运动员掌握和熟练专项技战术，以及通过负荷的改变引起新的生物适应现象，提高运动员的多种竞技能力。
赛前训练周	使运动员的机体适应比赛的要求和条件，把各种竞技能力集中到专项竞技中去。
比赛周	为运动员在各方面培养理想的竞技状态做直接的准备和最后的调整，并参加比赛，力求实现预期的目标。

续表

周型	主要训练任务
赛间训练周	消除比赛后生理、心理上的疲劳，促进机体的恢复，进行针对性的技战术训练，完成后续的比赛任务。
恢复周	消除运动员生理和心理的疲劳，促进超量恢复的出现，激发强烈的训练动机，准备投入新的训练。

（引自：田麦久．运动训练学．人民体育出版社．2012 年）

二、基本训练周的计划与组织

1. 基本训练周计划的主要任务

基本训练周的任务，是通过特定的程序和反复练习使运动员掌握和熟练专项技战术，以及通过负荷的改变引起新的生物适应现象，以获得多种竞技能力的提高。体能主导类项目基本训练周又分为加量周和加强度周。技能主导类项目基本训练周又分为基本技术训练周和完整技战术训练周。在全年训练中，基本训练周被采用得最多。在准备时期，基本训练周是最主要的周型。

2. 基本训练周负荷的结构特点

（1）基本训练周的课次安排

不同年龄运动员周训练课次有所区别。儿童在基础训练阶段初期，每周训练 3 ~ 4 次即可。随着运动员年龄的增长及竞技水平的提高，特别是运动员承受负荷能力的提高，周训练次数与课训练时间都有所增加。

对于青少年运动员来讲，在一周的训练中，安排 2 ~ 3 次高强度课，既可实施必要的训练刺激，同时也有利于运动员的生长发育。但对于高水平运动员来讲，基本周每天都应安排大强度训练内容，以促进运动员形态、机能产生良性的生物适应，并不断提高技战术水平。

中国跆拳道队在 2008 年奥运会前的基本周训练中，采用的是周三、周五安排两个大强度课，周一、周四、周日安排较小负荷或休息。而中国女子重剑队则在周一、周三和周六安排了非连续性的大强度专项训练，同时在周二、周四、周五安排中等负荷训练，周日安排了休息。

（2）基本训练周负荷的变化

由于大多数训练负荷后的充分恢复都需要 24 ~ 72 小时，即 1 ~ 3 天的时间。所以，在训练时间中，常常把一周的训练分为两半。上半周的训练之后，在一周的中间（即周三或周四）安排较小的负荷或其他形式的积极性休息作为调整。在下半周的训练中，从负荷的内容及长度上，常常与上半周的某些方面是相似的。这样一种结构，可以叫做周训练计划的两段结构。

在连续多个基本训练周的训练过程中，常常通过运动负荷的加大，引起机体深刻的变化，产生新的生物适应。加大负荷的途径有以下三条：

——增加负荷量，同时负荷强度保持不变或相应地下降。

——提高负荷强度，负荷量保持不变或相应地下降。

——负荷量和负荷强度都保持不变，通过负荷的累加效应给予机体以更深的刺激。

三、赛前训练周的计划与组织

1. 赛前训练周训练的主要任务

赛前训练是指运动员在参加重大比赛前为创造优异运动成绩所做的专门性训练。通常将赛前训练看成赛前的一个中周期（4～6 周）的训练。通过赛前训练周的安排力求使运动员的机体适应比赛的要求和条件，把长期训练过程中所获得的各个方面的竞技能力，集中到专项竞技所需要的方向上去。

2. 比赛节奏的适应

比赛的赛制很少是一次性的，而大多采用系列赛制，这种系列赛制因项目的不同其节奏也有所差异。有的项目同一运动员一天之内要参加几次比赛，有的项目每隔 3～4 天比赛一次，比赛期长达 2～3 个星期。事先准备和适应比赛节奏的方法是在赛前多次重复未来正式比赛的节奏进行训练。

3. 训练课负荷的控制

赛前训练周应多安排比赛性负荷（参加热身赛，增加训练中的比赛性因素或比赛性、对抗性训练内容）。由于比赛主要是比“强度”，因而越临近比赛越要突出强度。

大赛前训练课采用大负荷高强度强化训练，负荷以大负荷强度、中等负荷量为主；训练课的负荷量与负荷强度的变化虽有高低起伏，但负荷量的总体水平应始终保持在较高水平上，以给予运动员机体强化应激训练的刺激，打破机体原有的平衡状态。

通常，各种训练手段负荷达到最大值的时间为：一般训练手段赛前 4～6 周，专项训练手段赛前 3～4 周，训练强度赛前 1～2 周，在赛前 2～3 周时负荷达到最大值。在大负荷强化训练之后，必须紧接着给予运动员充分的综合性的恢复，以求获得最佳的恢复效果，为形成最佳竞技状态打下良好的基础。

四、比赛周训练的计划与组织

1. 比赛周训练的主要任务

比赛周的任务是为运动员在各方面培养最佳竞技状态做直接的准备和最后的调整，并参加比赛，力求创造优异运动成绩。

比赛周一般是以比赛日为最后一天，倒数一个星期予以计算的。有些项目一次比赛只进行 1 ~2 天，比如田径、游泳等；也有些项目的比赛会延续 3 ~4 天，甚至 2 ~3 周。比赛时间的长短，对比赛前一周的训练有着很大的影响，但训练的基本任务都是做好最后的调整，并成功参加比赛。

2. 比赛周训练内容和负荷结构的特点

（1）超量恢复的集合安排

由于不同内容、不同负荷的训练后，达到超量恢复所需的时间不同，又为了比赛中表现出高度的竞技水平而要求运动员竞技能力水平处于最佳竞技状态，所以，就必须通过科学的设计，使各方面负荷后的超量恢复阶段都在同一时段内出现。

例如，根据不同训练负荷后完全恢复所需的时间不同，应把无氧代谢训练、速度训练、力量训练、高强度专项训练等，安排在赛前 3 ~5 天的训练中，而把恢复性的有氧代谢训练、中低强度的一般性训练安排在赛前 1 ~3 天进行，使运动员多种竞技能力的变化曲线的最高点交汇于比赛日。

（2）赛前的准备活动

准备活动的目的是使运动员从心理、生理上做好比赛的准备，有效减少伤病，确保比赛中发挥自己的训练水平。每次准备活动的时间最少应为 30 ~50 分钟，使心率控制在 120 ~140 次/分，准备活动应在比赛前 15 分钟开始减量，在赛前 5 ~10 分钟做一两节较轻微的伸展体操。

综上所述，比赛周负荷的安排，全部要围绕着使机体在比赛日处于最佳状态来进行。需依据运动项目特点、运动员个人特点及赛前的状态而定。一般来说，总的负荷水平不高。在比赛日之前，通常需要降低训练强度或保持一定的训练强度。

五、赛间训练周的计划与组织

1. 赛间训练周训练的主要任务

赛间训练周主要是为比赛与比赛之间 3 ~10 天时间间隔而做的专门准备的训练。赛间训练周的任务是消除前一次比赛后生理、心理上的疲劳，促进机体的恢复，进行针对性的技战术训练，迎接下一次比赛任务。

2. 赛间训练周训练内容和负荷结构的特点

赛间训练周应根据比赛的特点安排训练内容、确定训练负荷。通常两次比赛间隔短于 3 天时，训练的内容应避免单调，负荷小、练习次数少，尤其是力量训练和供能系统训练强度与量都要小。而对间隔大于 3 天的训练应采用 3 天为一个小周期的安排模式组织训练，内容上第一天应安排积极性恢复的练习（慢跑或游戏等）、对与下次比赛对手的录像进行分析或其他业务学习；第二天安排中等负荷，练习次数10次左右，每种练习不超过2组的全身力量训练内容；第三天进行针对性技战术训练。

比赛活动对运动员身体的刺激较深，而赛间训练强度的提高容易造成疲劳进一步加深，就更需要注意安排好训练负荷的节奏。恢复性的小负荷课次，从基本训练周的1/4增加至1/2。同时，要注意加强恢复措施，以保证运动员能更好地完成赛前训练任务。

六、恢复周训练的计划与组织

1. 恢复周训练的主要任务

恢复周的任务是通过降低训练负荷以及采取各种恢复措施，消除运动员生理和心理上的疲劳，以求尽快地实现能源物质的再生，促进超量恢复的出现。恢复周的安排也应根据专项运动及负荷的特点、运动员个人特点和训练的具体情况而定。

2. 恢复周训练内容及负荷结构的特点

为实现恢复周的主要目标，要求其训练内容广泛而灵活。应多选择以下内容：（1）一般性的身体练习。如非专项的球类活动、游泳、各种非竞技性的健身操等；（2）带有游戏性的练习等。

恢复周的负荷安排多采用降低负荷强度、减少负荷量的方式。恢复周通常大大降低负荷强度、负荷量，或者适当保持一定的水平。如果比赛周负荷量很小，也可以在恢复周中适当地增加负荷量。

自学内容

训练课不同类型及要求

训练课是运动训练活动最基本的组织形式，教练员制定的任何计划都需要通过一次次训练课的组织予以贯彻实施。运动员竞技能力的提高正是一次次训练课效益积累的结果。

根据训练课的主要任务和内容，可以把训练课分为不同的类型。构成运动员总体竞技能力的体能、技能、战术能力、心理能力和知识能力都需要在具体的训练课中培养。大多数训练课都以某一种或两种能力的培养作为重点安排训练，还有一些训练课则综合发展多种竞技能力。

1. 训练课的种类和特点

（1）体能训练课

这类课中主要安排体能训练的内容。其主要特点是，通过多种多样的训练方法和手段，发展运动员的一般和专项运动素质，提高和保持体能训练水平。在大多数情况下，这类课的负荷较大，常安排在大周期中的准备期第一阶段。

（2）技战术训练课

这类课中主要进行各类技术与战术的训练，以及各种专项技战术训练服务的辅助性练习。其主要特点是，目的明确，内容训练手段与方法较为集中。训练负荷视课的目的及在训练过程中所处的位置而定。

（3）综合训练课

运动训练过程中这类课亦占有一定的比重，在这类课中，根据运动员发展多种竞技能力的需要，运用包含体能、技能、战术能力、心理能力及知识能力等等紧密结合实战需要的综合性训练方法与手段进行训练。

（4）测验、检查和比赛的课

这类课的任务是对运动员的训练效果进行检验，或直接参加比赛。课的内容、测试的手段则根据计划中的要求予以安排。课的负荷量可能较小，但一般来说负荷强度较大或者很大，在某些时候，这种负荷对运动员身体的刺激相当强烈。

2. 不同任务训练课的要求

（1）体能训课的要求

体能训练课的主要任务是发展各种运动素质，提高运动员体能。要注意安排好不同素质训练的先后顺序及训练的负荷。一般来说，快速力量练习、速度练习应安排在课前半部分进行，以保证练习的质量，保证取得理想的效果；当运动员感到有一定程度的疲劳时，可安排发展耐力素质或力量耐力素质的练习。

随着运动员体能训练水平的提高，应逐步加大训练的负荷，以给运动员机体更为深刻的刺激，引起运动员体能更为明显的适应性变化。但在训练时一定要注意训练负荷并不是越大越好，超过运动员所能承受的限度，就会引起劣变性反应。因此，要注意把握好负荷的“度”，安排好不同课次训练负荷的节奏。

（2）技战术训练课的要求

技战术训练课的基本任务是学习、掌握和熟练专项运动技术和战术，提高技战术质量，及时纠正技战术错误，二人及集体项目运动员要加强协调配合，提高集体竞技能力。

大量的技战术教学与训练都将分解法与完整法结合运用。在进行分解教学与训练时，则要注意科学地安排练习的顺序，以使得运动员能循序渐进地掌握比赛所需要的技术和战术。

技战术训练手段众多，教练员在制定课训练计划时，应依据结合实践、效果明显、组织方便、激发兴趣等原则，选择适用于运动员的训练手段。

（3）综合训练课的要求

综合训练课的任务是全面地或综合地发展运动员所需要的专项竞技能力。安排时要注意不同训练内容的合理组合。通常在一次训练课中，先进行技战术训练，后安排运动员素质的训练。还要注意负荷的合理分配，以便运动员能依次完成训练内容，达到预期的训练目的。

（4）测验、检查和比赛课的要求

训练过程中的测验、检查和比赛是检查训练成果的手段。要注意采用负荷计划要求的测验、检查的练习、手段及方式、方法，以便准确、客观地反映运动员的训练状态。测验、检查和比赛课应根据比赛的目的进行安排，但比赛应该按照正式比赛的要求进行，以确保运动员能够排除一切干扰，全身心投入到比赛中。

3. 训练课的结构

训练课的结构是指训练课的各组成部分及其进行的顺序。一般训练课通常依次由准备部分、基本部分和结束部分三个部分组成。

（1）准备部分

准备部分的任务是使运动员调整心理状态、调动各种生理机能，准备承受基本部分训练负荷及完成所安排的训练内容，以获得理想的训练效益。

准备活动可分为一般性准备活动和专门性准备活动两个部分。一般性准备活动的主要任务是全面调动有机体的各种器官、系统，提高这些器官、系统的活动性。一般从有氧性活动开始，逐步提高工作强度，可使心率达到130～140次/分。

专门性准备活动可结合基本部分所安排的内容设计，也可采用专项基本练习，专门性准备活动的任务是直接为基本部分的内容服务，使机体适应特定的训练要求，并从技术上做好准备，以保证基本部分主要内容的良好完成。

（2）基本部分

基本部分安排训练课的主要训练内容，基本部分的结构和持续时间依项目不同而异，即使是同一项目的训练，在不同的训练时期内，这种差别有时也是很大的。单一内容训练课与综合训练课的基本部分有着各自不同的组织特点。

①单一内容训练课的基本部分

单一内容训练课基本部分的特点是，内容单一、任务明确、时间集中，适于完成需时较多的训练任务，如基本技术训练、各种运动素质的训练等。

这类课在耐力性项目的训练安排中较为常见，例如，公路自行车运动员的训练课常常就以单一内容进行，一次训练课的总时间最长可达10小时左右。这样安排，既提高了运动员的专项比赛能力（公路比赛距离可长达300公里以上），同时也锻炼了运动员的心理承受能力，符合专项比赛的要求。

在技能主导类、技巧性项目中，如一次课中采用单一训练内容，常会出现身体局部疲劳，影响运动员神经系统的兴奋程度。因此，在安排时应采用多种形式、不同的练习密度和间歇，以适时调整运动员的体力状态，保证训练获得良好的效果。

②综合内容训练课的基本部分

由于综合内容训练课由各种内容的练习组成，基本部分的变化较为丰富，因此，这类训练课基本部分的安排较为复杂。组织这类课的基本部分时，应该考虑以下几方面。

——各种内容练习之间的顺序

各种练习内容对运动员所产生的刺激会在运动员的有机体留下相应的痕迹，这种痕迹产生的后效作用对后续训练内容的影响可能是良好的，也可能不是良好的。一般来说，应将要求神经系统较为兴奋、能量供应充沛的练习安排在前面，将容易产生疲劳或需要在疲劳状态下进行的练习安排在后面；将技术性强的练习排在前面，素质性练习排在后面；将对其他练习产生良好影响的练习放在前面，不产生影响或有不良影响的练习放在后面。

——改变训练内容时必须做适应性的专项准备活动

若在综合内容的训练课基本部分中安排相互联系不紧密的内容，那么，在更换内容时应做一些专项性的准备活动。例如，体操运动员吊环练习结束后换跳马，那就应该在跳马练习前活动一下下肢关节，做一些跑跳的练习，并活动一下腕关节，做几次推手练习，然后再进入正式的跳马练习。

——注意不同训练内容负荷的积累效应

综合内容的训练课基本部分虽然安排的训练内容不同，但有机体接受的负荷性质却可能是一样的，这时就应考虑：如练习产生的负荷作用于有机体的同一系统，有机体的这一系统可能因负荷的积累而受到较为深刻的刺激。如篮球运动员的训练课中，先安排双人沿边线快速跑动传接球40次，再安排25米×20次冲刺练习，虽然看起来练习的形式不一，但其实都是无氧系统参与工作，这两组练习负荷效果叠在一起，就使该系统承受了很大的负荷。

——安排作用于同一机能系统的练习时，负荷应有波浪形的变化

如在基本部分安排作用于同一机能系统的练习时，为使该系统有适时的休整，那就应该采用间歇、改变练习密度等方式，使负荷产生波浪形变化。

(3) 结束部分

各种训练课结束部分的任务主要是解除训练课基本部分所造成的心理、生理上的紧张状态。现代运动训练把恢复作为训练的组成部分。训练课的结束意味着运动员有机体全面恢复过程的开始。因此，有组织地进行课的结束部分对恢复过程的积极进行有着重要的作用。

本节小结

根据训练任务及内容的不同，可把周的训练分为基本训练周、赛前训练周、比赛周、赛间训练周以及恢复周5种基本类型。

基本训练周的任务，是通过特定的程序和反复练习使运动员掌握和熟练专项技战术，以及通过负荷的改变引起新的生物适应现象，以获得多种竞技能力的提高。

赛前训练是指运动员在参加重大比赛前为创造优异运动成绩所做的专门性训练。

比赛周的任务是为运动员在各方面培养最佳竞技状态做直接的准备和最后的调整，并参加比赛，力求创造优异运动成绩。

赛间训练周主要是为比赛与比赛之间3～10天时间间隔而做的专门准备的训练。

恢复周的任务是通过降低训练负荷以及采取各种恢复措施，消除运动员生理和心理上的疲劳，以求尽快地实现能力物质的再生，促进超量恢复的出现。

训练课是运动训练活动最基本的组织形式，根据训练内容和任务可分为体能训练课、技战术训练课、综合训练课与测验、检查和比赛的课。

训练课由准备部分、基本部分和结束部分三个部分组成。

思考题

1. 基本训练周的任务及负荷安排特点是什么？
2. 赛前训练周的任务及负荷安排特点是什么？
3. 比赛周的任务及负荷安排特点是什么？
4. 赛间训练周的任务及负荷安排特点是什么？
5. 课训练计划的类型有哪些？

参考文献

[1]任海,等. 奥林匹克运动[M]. 北京:人民体育出版社,2003.
[2]田麦久. 运动训练学[M]. 北京:人民体育出版社,2012.
[3]曹青军. 清华现象——关于高校办高水平运动对的历史回顾与思考[J]. 中国学校体育,2009,9.
[4]徐本力. 运动训练学[M]. 北京:人民体育出版社,2003.
[5]王键,杨建成. 互补理论——反思"一元"训练理论与"二元训练理论[J]. 广州体育学院学报,2007,3.
[6]茅鹏. 论整体设置[J]. 体育与科学,2003.
[7]陈小平. 现代运动训练热点问题研究[M]. 北京:北京体育大学出版社,2005.
[8]龙斌. 对现代田径运动训练发展趋势的再认识[J]. 体育学刊,2002,3(5).
[9]王金灿. 运动选材原理与方法[M]. 北京:人民体育出版社,2005.
[10]李宗浩. 运动训练学[M]. 北京:高等教育出版社,2002.
[11]茅鹏. 一元理论与训练实践[J]. 清华大学教育研究,1998,31.
[12]田麦久. 论运动训练过程[M]. 北京:北京体育大学出版社,1988.
[13]冯美云. 运动生物化学[M]. 北京:人民体育出版社,2002.
[14]张莉清. 美国青少年运动员学训现状及启示[J]. 中国学校体育,2014,1(4).
[15]张莉清. 从历届世锦赛看中国田径的未来和发展——对莫斯科世锦赛的思考[J]. 成都体育学院学报,2014,3(40).
[16]张莉清,等. 运动训练学的研究热点与展望[J]. 北京体育大学学报,2013,36(3).
[17]张莉清. 张文秀备战奥运会体能训练过程控制的研究[J]. 北京体育大学学报,2009,8.